每天 **10** 分钟，提升语言表达力

不慌乱，
从容地讲好故事

〔俄罗斯〕妮娜·兹韦列娃 著　　〔俄罗斯〕斯维特兰娜·伊孔尼科娃 著

〔俄罗斯〕阿拉·别洛娃 绘　　霍学雅 译

北京科学技术出版社

Storytelling Genius: How to Become Popular?

First published in Russian by "Clever-Media-Group" LLC

Text by Nina Zvereva and Svetlana Ikonnikova

Illustrations by Alla Belova

Copyright © "Clever-Media-Group" LLC, 2020

This Simplified Chinese edition is published by arrangement with "Clever-Media-Group" LLC through YOUBOOK AGENCY, CHINA

Simplified Chinese Copyright © 2022 by Beijing Science and Technology Publishing Co., Ltd.

著作权合同登记号　图字：01-2022-1273

图书在版编目（CIP）数据

不慌乱，从容地讲好故事 /（俄罗斯）妮娜·兹韦列娃，（俄罗斯）斯维特兰娜·伊孔尼科娃著；
（俄罗斯）阿拉·别洛娃绘；霍学雅译 . — 北京：北京科学技术出版社，2022.5
　（每天10分钟，提升语言表达力）
　书名原文：Storytelling Genius
　ISBN 978-7-5714-2165-6

Ⅰ . ①不⋯　Ⅱ . ①妮⋯ ②斯⋯ ③阿⋯ ④霍⋯　Ⅲ . ①语言表达—少儿读物　Ⅳ . ① H0–49

中国版本图书馆 CIP 数据核字（2022）第 041901 号

策划编辑：陈　茜	电　　话：0086-10-66135495（总编室）	
责任编辑：陈　茜	0086-10-66113227（发行部）	
营销编辑：王　为	网　　址：www.bkydw.cn	
图文制作：史维肖	印　　刷：北京宝隆世纪印刷有限公司	
责任印制：吕　越	开　　本：889 mm×1194 mm　1/16	
出 版 人：曾庆宇	字　　数：31千字	
出版发行：北京科学技术出版社	印　　张：10	
社　　址：北京西直门南大街16号	版　　次：2022年5月第1版	
邮政编码：100035	印　　次：2022年5月第1次印刷	

ISBN 978-7-5714-2165-6

定　　价：79.00元

目录

第6章　没有情节怎么讲故事呢？　/ 84

第7章　如何在不熟悉的圈子里讲故事？　/ 96

简介

每个人都可能遇到过这种情况：自己正在讲话，却没有人在听。这种感觉太可怕了，有些人会大喊："嘿，你们没听到吗？我在跟你们说话呢！"有些人会选择闭嘴，不想再当众讲话了。这两种做法都不可取。我们为你提供第三种解决方法——学会讲故事。正确使用这种方法，你的听众将会牢牢地被你吸引住。

如果你掌握了讲故事的技能，那么它将会在你的生活中派上大用场。可惜很多学校现在并没有开设公开演讲的课程，很多学生都不知道如何以清晰而优雅的方式切题地发言，甚至有些成年人都没能掌握这门说话的艺术。

不善言辞的人很难让他人信服：开会的时候，大家往往会忽视他的方案，转而选择能言善辩的人所展示的方案。

全场掌声响起！

沉默寡言的人也很难交到朋友：一言不发的结果往往是不被理解。即便面对别人的冷嘲热讽，这种人还起嘴来也比伶牙俐齿的人慢半拍。

讲故事就是讲述一件事情。如果你想要学习当众演讲，并在此过程中表现得怡然自得；想要做到在讲台上对答如流；想要从容地结交新朋友，那么就从讲故事开始吧。原因有二：一是大家都爱听故事；二是讲故事是一件很容易的事情。

这本书共有10章。读完之后，你就能学会如何编故事、如何自我介绍、如何在讲述别人的事情时把握分寸。当然，了解这些知识是次要的，最重要的是你要将学到的知识付诸实践。每章结

你们还想听故事吗？

是的，再讲一个吧！

你讲得可真好呀！

束后，你需要完成一个我们精心为你设计的小任务。到最后你就会惊讶地发现，原来讲故事对于你来说如此轻松。

好啦，让我们互相认识一下吧。我们是这本书的作者妮娜·兹韦列娃和斯维特兰娜·伊孔尼科娃。

也许你之前在其他的书里读到过本书中的一些故事，感觉它们很熟悉，但本书中还有更多的故事是你闻所未闻的，比如你的同龄人在学习这个课程时发生的事情。毕竟，一本关于讲故事的书不能没有故事可讲，你说对吧？

妮娜·兹韦列娃

8岁开始从事与电视相关工作，现在已经70岁了。62年以来，她要么亲自登台表演，要么教别人表演。她教过的学生有大公司高管、企业家、市长和州长。此外，妮娜·兹韦列娃还经常给各年龄段的孩子上课。她坦言，给孩子上课比给成人上课难，但却更有意思：成人需要两小时学会的内容，孩子用15分钟就能掌握。

她是两届俄罗斯电视行业的最高奖项——"塔菲奖"的获得者。她的三个孩子和六个孙子远居大洋彼岸。

你好呀！我是别斯，我能帮你摆平一切麻烦！

斯维特兰娜·伊孔尼科娃

作家、高等经济学院的教授，以课程闻名的博客作者。五年前的她认为书面语言简单得像母语，口头表达难得就像外语。但现在她具备超凡的表达能力，可以轻松讲故事，在各大高校做讲座和培训，以及教别人如何创作有趣的文章。

我们是科特和诺奇卡！我们都是讲故事专家，也能帮上忙！

我叫霍马！

第1章
为什么人们喜欢听故事？

这一章讲什么？

本章将帮助你更好地理解以下问题：为什么要讲故事？生活中可以没有故事吗？

说实话，我们也认识一些人，他们一个故事也没讲过，但是也没关系，他们活得好好的，还特别招人喜欢。没错，这些人就是还不会说话的小婴儿。但是在那些5岁到105岁的人中，我们还从没遇到过没有故事可讲的人。有的人能把故事讲得绘声绘色，而有的人在这方面平平无奇。但即使是面对不太出彩的故事，很有耐心的听众也仍然会坚持把故事听完。

在本章中，你将了解到为什么我们都如此热爱故事。

快到爷爷这里来，我给你讲故事！

不要啊！

别再讲故事了！

如果人们对故事来者不拒，是不是我就不用学讲故事了？那你可就想错了！

想象一下这样的情况：下课铃声终于响起，你刚准备休息休息，一位同学却开始滔滔不绝地跟你讲昨晚她的腿疼得厉害，后来又突然不疼了。你会想听这个故事吗？

可能刚开始你还饶有兴趣，然后你很快就意识到她之后讲的都会是没营养的话。这时，你要么打断她，说一些你自己的事情，要么跑到别的同学那儿，听听他们有没有讲一些有趣的事情。

现在想象另一种情况：深夜，你在看书或看电影，故事情节太诱人了，以至于你准备熬夜看完，根本不想停下来。

以上两种情况都与故事相关。第一个故事你最多坚持听两分钟；第二个故事会持续好几个小时，你却能一鼓作气看到最后。由此可见，故事的质量是至关重要的。

不要啊！

求你不要再说你的腿了！

站住！

你们去哪儿啊！我还没讲完我的腿呢……

什么是有趣的故事呢？

马其顿国王亚历山大是一位伟大的征服者、政治家、战略家。他小时候有位老师（希望我们每个人都能遇到这样一位老师）——亚里士多德。这位老师发明了一种能够创造出任意有趣故事的方法。

亚里士多德生活在距今2400多年以前。你能想象吗？从公元前 4 世纪到现在的 21 世纪，人们讲述、写作和拍摄出了多少绝妙的故事？所有这些故事可以说都是按照亚里士多德的方法搭建而成的。

亚里士多德的方法让我们确信：好故事的定义不在于它有一个"大团圆"式的美好结局。催人泪下的悲剧也可以称之为好故事，好就好在听众、读者或观众同情角色的遭遇，相信他们是生活中有血有肉、立体可感的人，愿意和他们同呼吸、共命运。

同理，糟糕的故事也不是指以悲剧收场的故事。糟糕之处在于故事太无聊了——主人公扁平化，情节枯燥无味。

亚里士多德曾说过，在任何故事中，情感的宣泄都是很重要的。也就是说，听众同情主人公，仿佛身临其境，感同身受。在接下来介绍如何讲故事的内容时，我们也将基于亚里士多德的理论进行讲述。

任何故事都可以变有趣！

很帅，就是有点无聊。

是的。

嘶……

?

你的故事里有"情感宣泄"吗？如果我找到了呢？

年轻人，这位是亚里士多德！

亚里士多德的方法也太难了吧！
我不太可能成功……

其实，这一点儿也不难。你肯定已经用过亚里士多德的方法了（只是你不知道而已）。 你应该有过让别人屏息凝神听你讲话的体验吧？如果没有的话也没关系，读完本书后你一定会有的！

👉 想想你的同学、朋友、老师、亲戚，他们中有谁擅长讲故事呢？ 想想他们的故事有什么相似之处？ 他们的故事与其他人所讲的无聊故事又有什么不同呢？

我要怎么去那儿呢？？

在这儿写下区别！

科特，我闻到小霍马的味道啦！

我叫伊丽莎白·彼特罗夫娜，我的故事是关于数字的。

我是来自5班的瓦夏。你记住我的关于小猫的故事了吗？

有一个名叫丹尼斯的孩子，他谈吐幽默，各方面都很棒，只是有时候十分胆小。站起来讲故事这种事情对他来说算是一项壮举了。有一天，丹尼斯终于下定了决心：无论如何，我一定要当众讲话！其实更准确地说，是现实令他不得不讲——他来上课的时候胳膊上缠着绷带。

大家都注意到了他的绷带，纷纷关切地问他："这是怎么弄的？"

"我的倒霉经历都可以载入史册了。"丹尼斯回答。

在接下来的一分半钟，他讲述了自己在极限运动游乐园里玩滑板车，不小心在坡道上摔倒，滑板车几乎断成两截，他拖着滑板车走了五公里才到家的故事。

"我的公交卡还弄丢了。倒霉他妈给倒霉开门，倒霉到家了。"

虽然我们都非常同情丹尼斯，但他最后一句话却引得我们哄堂大笑。丹尼斯后来承认，在来上课的路上他做出了一个决定：既然遭遇了这么特别的事情，那么他就必须克服害羞，以自己满意的方式讲述出来。于是在来上课的路上他都在心里演练着自己的故事。

"一开始很难，"丹尼斯跟我们分享他的感受，"但讲到最后我甚至还觉得不够过瘾，我在想要不要也为下一节课

想一想，为什么大家对丹尼斯的故事这么着迷呢？他只不过就讲了滑板车摔折和公交卡弄丢了啊。

呜呜呜，好可怜……

然后呢？

准备一个故事。"

你一定猜到了：我们之所以会被别人的故事所吸引，是因为这些故事和我们息息相关。我们每个人可能都有过滑板车或者自行车出故障的经历，或者曾经发生过一些意想不到的事情，搅乱了原定计划。

人们经常会说，某件事情"引起了我的共鸣"。所以，一个好的故事应该是能够引起共鸣的。

任何一个好的故事都会让听众不由得感叹："啊，我也有过相似的经历！"这样的故事可以唤醒听众许多回忆和情感。

市中心

我的公交卡还弄丢了。
倒霉他妈给倒霉开门，
倒霉到家了。

科特，你还好意思笑，他多惨啊！

哈哈哈，太好笑了！

那么亚里士多德的方法是什么呢？

亚里士多德的方法用三言两语很难介绍清楚，但我们可以简要地概括它的要点。一言以蔽之，每个故事中都要有一个主人公，在主人公身上要发生一些事情，而且最好是出乎意料的事情：一言难尽的、喜出望外的、滑稽可笑的、催人泪下的……最重要的是要让人意想不到。有时候这样的故事甚至都不需要语言！

你可以上网搜索"查理·卓别林"，这位才华横溢的导演兼演员在20世纪二三十年代拍摄了许多优秀的无声电影。观众看到的只是黑白影像，听到的音乐也只是电影院专门请来的音乐家现场演奏的钢琴曲。

但即使是这种无声的故事也能让观众次次泪洒影院，感到意犹未尽。他们深深同情查理·卓别林扮演的滑稽又荒诞的角色。他命运不济，厄运缠身，常常陷入困局，遭到恶棍无赖的骚扰。面

查理·卓别林

对他的不幸遭遇，观众忧心忡忡，谁也不能无动于衷。

除了主人公之外，任何故事都要有冲突，这种冲突并不一定是指口角或者争斗。例如，在丹尼斯的故事中，冲突在于他想要顺利地玩滑板车，而结果呢，滑板车撞上了坡道，他的手也受伤了。听众感兴趣的点在于，主人公是如何解决这场冲突的？

任何故事都有高潮和结局。有时它们可以合二为一（例如，在趣闻中，高潮就是结局），但更多时候高潮一般发生在结尾之前。

如果衡量人们听故事时的情绪强度，那么最强烈的情绪将发生在高潮时，而结尾就像是在紧张的高潮过后长舒的一口气。

如果一切都是按照上述规则进行的，那么这个故事就成功了，无论它是悲剧、喜剧，还是浪漫剧。

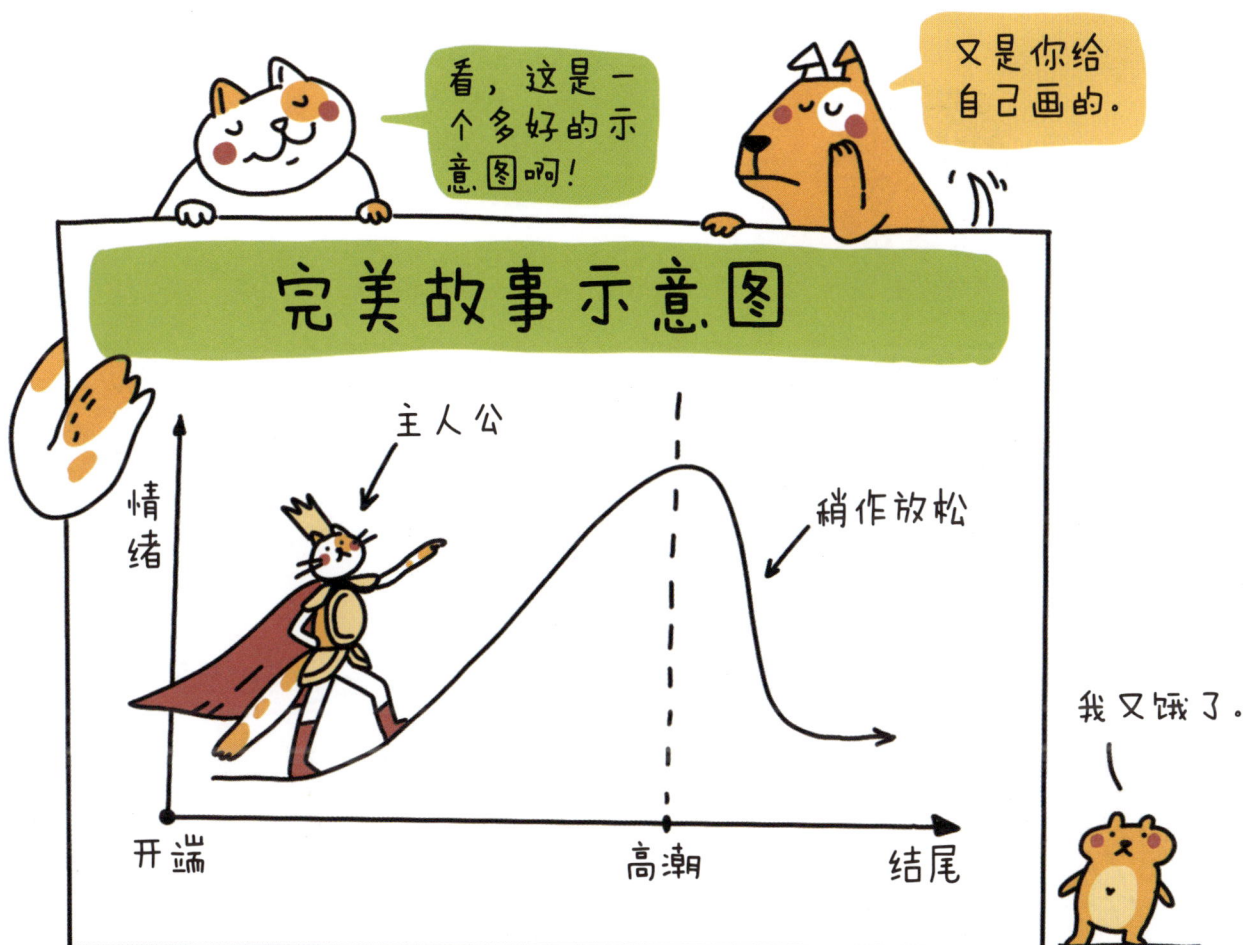

看，这是一个多好的示意图啊！

又是你给自己画的。

完美故事示意图

情绪

主人公

稍作放松

我又饿了。

开端　　　高潮　　　结尾

好的故事可以是不同的吗？

你肯定知道体裁这个概念。不同体裁之间的差异真的很大。让我们一起来看看，你比较倾向于哪一种。

👉 我们一起来想象下面的情节：夏天，两个小姑娘结伴到郊外小木屋游玩……接下来她们会发生什么事？

你可以邀请朋友一起来设想后面的情节。例如，请你的三个朋友想一想这个故事的后续，15分钟后分享各自的故事。

你肯定会感到惊讶，你们的故事竟然千差万别。有人会编出一个浪漫爱情故事：女孩们邂逅了英俊的男孩们，陷入复杂的多角恋（两个男孩同时爱上一个女孩或两个女孩爱上同一个男孩）。有人想出来的是一部情景剧：女孩们在森林里迷路了，三天三夜只能靠吃浆果，喝露水为生，但她们并没有丧失信心，最终凭借着智慧和勇气走出了森林。有人会编出一个有意思的故事，讲述女孩们下水游泳，却意外在附近的另一个海滩上岸，怎么都找不到自己的东西了。因为不想穿着泳衣光着脚尴尬地回家，她们像热锅上的蚂蚁一般问遍了所有晒日光浴的人："您有没有见过一条黄色的浴巾？"结果一直到晚上她们才意识到，她们下水的海滩其实就在灌木丛后面。

有意思的是，关于海滩的这个故事是现实中真实发生的。给出相同的故事开头，有人会创作出一篇悲剧，有人会创作出一篇抒情小品文，有人会创作出一篇侦探故事……有些文学大师擅长创作不同体裁的故事，但大多数人只擅长其中的一种。

有些人被称作笑话大王，有些人靠

讲恐怖故事就能吸引一大批粉丝，还有些人讲的故事能让女孩们不停地追问："再讲一个吧……"不用想就知道，这些人讲的肯定是浪漫故事。

如果你对任何体裁的故事都游刃有余，那么你会自我感觉很好。

会讲故事的人很受大家欢迎，会有一种被人倾听的满足感。在一群人里面，只要会讲故事的人一张口："还有一种情况……"那么，全场都会安静下来听他讲话。因为大家知道：好故事马上就要开始了！机不可失，时不再来。

即便是故事中断了，比如被上课铃声打断了，大家不得不回到座位上课，那么在下一个课间休息时，他们就又会跑到讲述者那里追问："接下来发生什么了？快告诉我！"

👉 你可以用这个方法检测自己是否掌握了讲故事的技巧：你讲着讲着，在最有趣的地方暂停。如果听众不停地催问你："后面发生什么了？"那就说明你已经掌握了这项技能。如果都没人关心你讲了什么也不要灰心，读完这本书之后，你就会成为一个备受欢迎的讲故事大师。

请注意，这个检测方法可能会有点伤自尊。但是请相信我，与其活在"我是讲故事大师"的盲目自信中，还不如立刻认清"自己还不是一个讲故事的天才"的真相。不然的话，人们会在听你讲故事的时候心想："他什么时候才能讲完啊？！"而你却一无所知。

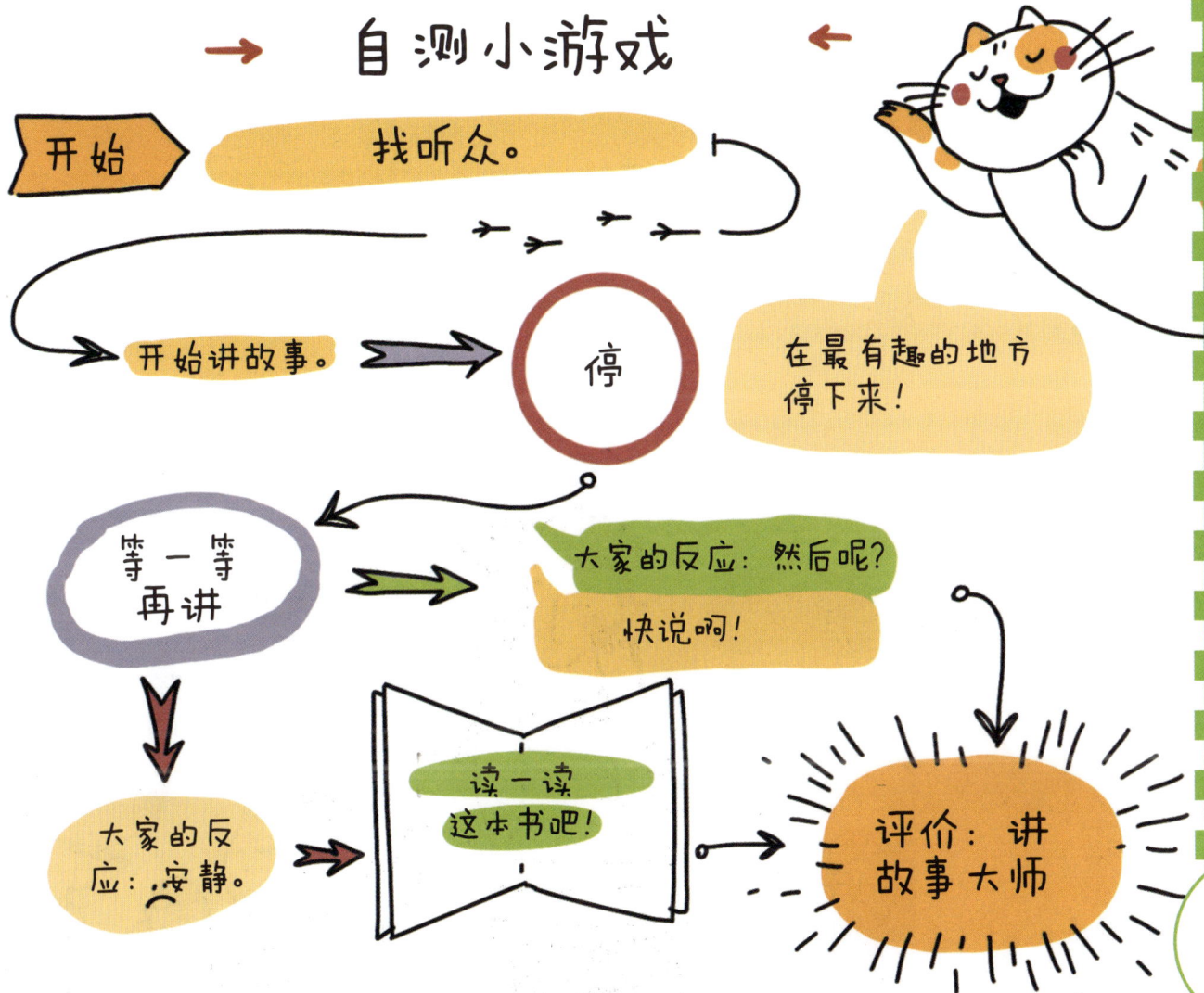

自测小游戏

开始 → 找听众。

开始讲故事。 ⇒ 停 —— 在最有趣的地方停下来！

等一等再讲 → 大家的反应：然后呢？ 快说啊！

大家的反应：安静。 → 读一读这本书吧！ → 评价：讲故事大师

哎呀，我发现我不会讲故事，好挫败

别担心。任何人都可以学会讲故事。

一个绝佳的故事就像一栋上好的房子，需要具备两个要素。一是优质的材料：好的故事素材离不开精挑细选的词汇。二是合理的结构：故事的结构就是它的情节。

在本书中你将学会如何构建情节和打磨词句，这些技巧在实践中一定能派上大用场。毕竟"纸上得来终觉浅，绝知此事要躬行"，只有亲自尝试，才会知道自己究竟有没有掌握。多下功夫，就会有人催着你问："你还记得你讲的故事吗？再讲一遍吧！"这是对讲故事者的最高赞誉。

当有人叫你复述一遍故事时，那就意味着你是一个真正的讲故事天才了。毕竟，他们已经知道结局如何，故事的情节是怎样发展的，会出现哪些令人意想不到的波折和变故，主人公是如何克服诸多艰难险阻的。这些他们早已了然于胸，却仍然为此着迷，仍然期待着高潮的来临，试图重温初次听故事时的感受。

我们相信你一定可以做得到。根据多年对孩子们进行培训的经验，我们时常能看到曾经连一句话都不好意思说的孩子突然语出惊人，妙语连珠。

再多说点！

多好的故事呀！

再来一个故事！

再讲一个！

你值得！

汪汪！

行动起来！

你最近听到或看到过什么有趣的故事吗？电影、书籍或短视频里的任何故事都行。 把它复述给你的朋友们，看看能不能让他们也感受到这个故事的有趣之处。

我喜欢老鼠味儿的故事

近期趣闻

① 妙趣横生的电影？

_____

② 让人爱不释手的书籍？

_____

③ 引人入胜的故事？

_____

④ 令人难以忘怀的故事？

_____

这是谁呀？

科特，你说的不是故事，是肉饼！

啊啊啊啊啊！

出口

道理我都明白了，然后要做什么呢？

不能做	可以做
讲个不停（即使是在讲述一部两小时的电影）。	把一个很长的故事浓缩至1~2分钟（只讲故事主干）。
没有给听众交代主人公背景——他／她是个什么样的人，追求什么，长相如何。	在故事开头简要介绍一下主人公，让观众对主角有初步的了解。
刚开始讲就结束了。	保留故事的神秘感，不剧透。

这样不好！

按这样做！

别斯！别斯！你不帮我一下吗？

科特，待在这儿吧！我有骨头！

真香……

举个例子

　　奥莉亚的梦想是考进医学院，她是电视剧《豪斯医生》的忠实粉丝。该剧发生在一家医院，主角是一名天才医生，专治各种疑难杂症，常常妙手回春，将一个个病入膏肓的病人从生死线上拉回来。另外，他还有一个特殊的身份——一名医学侦探。

　　奥莉亚的妈妈却强烈反对她看这部剧，她认为女儿应该花更多的时间在学习上，而不是把精力全都浪费在看剧上。后来，奥莉亚偷偷向她的妈妈复述剧情，她说："妈妈，我刚刚看到了一件有意思的事，我给您讲讲……"直到讲完这个故事后奥莉亚才承认，故事情节源自她最爱的电视剧《豪斯医生》。

　　在听奥莉亚讲完第三个故事后，妈妈终于开始认同女儿，并和女儿一起追剧。

这个人患了狼疮吗？！

不是的，这个不是。所有的症状表明……

第2章
会讲故事的人常用的 10个工具

这一章讲什么？

这是本书最重要的一章。我们将为你介绍讲故事者将要用到的所有工具。当你学会灵活运用这些工具时，别人听了你讲的故事，就会追着说："再讲一个吧，多讲点儿！"基本上，只要读完本章，你的很多问题就能迎刃而解。

读完整本书，你不仅能挖掘到优秀故事创作者的成功秘诀，而且还能了解到如何把抽象的方法应用于实践。希望你能够活学活用，而不仅仅是停留在书本上。

工具1：清晰的声音

只要讲故事必然涉及声音的问题。如果你习惯了小声说话，怕累着自己的声带，那么人们根本就听不到你在说什么。准确地说，他们知道你在说话，但要用耳朵使劲分辨才能勉强听清。你觉得，他们会这样做吗？如果你是世界上唯一一个会讲故事的人，那他们可能会努力听一听。但是，人外有人，天外有天，除了你还有那么多会讲故事的人，人们迟早会被另一个会讲故事的人所吸引。

有些孩子说："平常我说话的音量还挺正常的，但是一旦我开始当众说话，注意到大家都齐刷刷地看着我时，我说话的声音就会变得很小，因为我实在太紧张了。我该怎么办？"

在接下来的章节，你将会读到遇到这种情况应该如何应对的策略。不过你要知道，当众讲话害羞并不是你一个人的烦恼。统计数据显示，多达 70% 的人害怕或不敢在公共场合发言，但他们中的大多数人都能够克服这种恐惧。

别害怕！我轻轻摇摇你，抱一抱……

除此之外，还有一些其他的问题。你肯定认识这样的人：他们似乎在说些有用的东西，但嘴里却含含糊糊，吐字不清，别人能听懂一半就不错了。有些人说话倒是不含糊，就是声音异常刺耳。

如果你也有这样的问题，那么你最好不要忽视它们，要努力改正它们。权威的语言矫正专家和语言技巧大师会帮助你优化吐字方式，改善嗓音问题，请相信他们的能力。

上午好！请坐。

紧张者专座

喝点水吧。

咕嘟咕嘟……和平常一样……

吐字不清怪

👉 如何知道你的嗓音好不好听呢？

你可以说一段话，同时用录音机录下来，然后听回放。录音机里播放的声音就是你真实的嗓音。当我们说话时，我们自己听到的声音和周围人听到的是不同的。因此，录音机这个小工具将有助于你对自己的声音做出正确的"诊断"。

一开始你可能不喜欢自己的声音，因为它与你平时听到的不同。但是静下心来仔细听一听，你就能体会出哪些地方是悦耳的，哪些地方需要改进。

即使是有经验的电视或广播节目主持人也总是在直播前做发音训练，磨磨嘴皮子。比如练习一段绕口令，打打哈欠（这是一个放松脸部肌肉的好方法），扮个鬼脸，用嘴叼起一根吸管，脸部肌肉带动吸管左右移动。这样的发音训练有助于他们在直播中吐字清晰，不会吞音。

成功人士出于各种缘由会屡屡登台，发表讲话，这就意味着他们需要与好的嗓音长久相伴。如果你也能养成做"发音操"的习惯，那可太棒啦。

工具2：语调

当然了，如果你是为了哄听众睡觉，那么你可以用同一个语调说话。但如果你想让听众两眼放光，听得津津有味，那就需要改变你的语调了。

语调没有对错之分，但要是一直不变换语调就有问题了。说话应该抑扬顿挫，语速有快有慢。在关键时刻，你甚至可以有意地低声细语，听众们就会屏息凝神，一动不动地听你讲话，生怕发出声响错过什么内容。但是小声说个5~7秒就可以了，之后就要恢复正常的声音或是高声感叹一句。

👉 录音机也可以帮助你练习语调，记录下你表达各种情绪时发出的不同声音。听一听，看看感觉如何。

工具3：眼神

我们已经介绍到第3种工具了，但是直到现在我们对讲话的内容还只字未提！不过别担心，以后会讲到的。因为当你讲故事的时候，眼神的重要性不亚于声音。

👉 想一想讲故事时你的眼睛通常会看向哪里。

一个只会盯着地板或天花板讲故事的人会失去听众的。人们会觉得他不是在对自己讲，注意力就飘走了。听众要么在神游，想些自己的事情；要么就听别人讲故事去了。

讲故事时，你的眼睛应该看向所有人，这一点是很重要的。如果你的身边站着5个人：万尼亚、别佳、玛莎、卡佳、季马。万尼亚是你最好的朋友，玛莎是你的姐姐，面对她们你没什么不好意思的。所以当你讲故事时，你的眼神就只停留在她俩身上，你害怕看另外3个人的眼睛。

他又开始自说自话了。

他走到一个树林里，到处黑漆漆的……

他还没注意到，大家都走光了。

如果是这样的话，别佳、卡佳和季马会离开的。他们会觉得你只是在给万尼亚和玛莎讲故事，并不在意他们。没有人想被别人忽略。为了摆脱这种感觉，别佳、卡佳和季马就会去找别人听故事了——一个会看着他们讲故事的人。

一个真正会讲故事的人能够与他的听众进行眼神交流，用关切的目光点亮他们的眼睛，就像圣诞树上闪闪发光的装饰灯。大家喜欢这样的人，会选择留在他身边听故事。

👉 还有一点很重要！看一个人的眼睛不要超过两秒钟。否则，人们会被盯得不舒服。那么你要怎么做呢？你可以占据一个"有利地形"，站在一个能看清所有听众的位置，用眼神去感染他们。如果听众是一朵朵鲜花，那么你的眼睛就要像握住花束的手，牢牢地把它们汇聚到一起。

就像这样牢牢地抓住"一束"听众。

工具4：开场白

是的，我们终于来到介绍说话内容的部分了。字斟句酌是非常有必要的，尤其是在故事的开头和结尾。你的任务就是牢牢吸引听众的注意力，不让他们分神。因此，冗长的前情介绍和漂亮的恭维话还是先放一放，故事应该开门见山，立刻开始。

有一些神奇的词可以让听众一下子感觉到："哇！挺有意思！有趣的故事就要来了！"魔力最强的一个词是"有一次"，另一个词是"今天"或是"现在"，强度稍弱一点的是"昨天"。总之，故事在时间线上与大家越接近，大家的兴致就越高。

"有一次"这个大招一放出来，你就能抓住观众的注意力，然后逐渐将他们的情绪引到高潮部分，不要耽于冗长的推断和多余的细节描述。

一天……

快跑……

嘎吱嘎吱
（嚼东西）

看家狗

工具5：计时

你要知道，除了听你讲故事，人们还有其他事情要做。他们也想赶紧去吃饭、上厕所、准备考试、回家或去上课（虽然作为你的听众，他们这样想可能有点失礼）。一般情况下，人们还是很乐意耐心听你讲的，但谁都有忙的时候，这一点你必须记在心里。

在你决定要讲故事的时候，最好已经做好了3分钟内讲完的准备。3分钟，不能再多了，完美的故事一般是在1分钟内讲完的。

一次课堂上，尼基塔讲了一件关于他朋友的趣事，但大家反响平平。尼基塔是个话痨，他太爱说话了，以至于大家一看到尼基塔就假装在忙，尽量回避他。

为什么尼基塔的故事没有引发强烈反响呢？因为虽然他讲话很有趣，但他的话匣子一打开就关不上了。希望大家引以为戒，不要像尼基塔那样，让自己陷入孤立的状态。

哎哟，他又开始了。

今天，我找到一个超大的……然后把它带回了家，放到了……今天，我找到一个超大的……然后把它带回了家，了……今天，我找到一个超大的……今天，我找到一个超大的……然后把它带回了家，放到了……然后把它带回了家

我还有事，先走了。

他已经讲了20分钟了……

工具6：收敛的情绪

你要控制自己的情绪。听众可能会因为你讲的故事而哈哈大笑或潸然泪下，但你自己需要保持镇定。

👉 你可以看看你最喜欢的喜剧演员的表演。在你开怀大笑的时候，他的表情如何？

喜剧演员的表情不会出现太大的波动。要么是黯然神伤的苦涩，要么是微一笑，不会有更夸张的表情了。

你知道为什么吗？因为历来哭或笑的只能是一方——要么是表演者，要么是听众。表演者的任务是唤醒听众的情感，而不是把情绪全都挂在自己脸上。

有时候在电视上看到一些面部表情过于丰富的演员，大家会说："他的脸太出戏了。"学着淡定一点。在这方面，镜子也许能帮上忙。试着对着镜子讲一个故事，注意镜子里你的面部表情。

嗯……哈哈哈……然后他摔倒了。

笑点在哪儿呢？

好像是好笑的。

工具 7：停顿

学会张弛有度，控制节奏。虽然你想全盘托出，一吐为快，让听众和你一起开怀大笑，但是一个没有丝毫停顿的故事就像一盘糖水罐头大杂烩。不美观，味道也不好，无法引起食欲。

在故事进展最为关键的时刻，也就是高潮部分，适度的停顿显得尤其必要。

"这时候他……" ——停顿。

"然后他看到了……" ——停顿。

"于是爸爸对我说……" ——停顿。

工具8：图画或者照片

虽然你不会为了讲故事特意做几张幻灯片，但如果你会画画，最好画点什么。

如果你想要讲你第一次高山滑雪的经历：先是沿着一条平缓的安全赛道滑行，然后出现了突然中断的跳台。那么你在讲这一段的时候最好画出跳台的示意图，让你的听众看看有多酷，这有助于他们身临其境地沉浸在故事里。

工具9：幽默感

现在特别流行调侃，什么事都要抖个机灵。不过在讲故事的时候，你应该只开自己的玩笑。原因有二。首先，自嘲式的笑话不会伤害到别人（除非你自己替自己委屈）。其次，你的社会评价会变高。思考一下，人们是不是更尊重那些谦谦君子，而不是整天洋洋自得的人。

我记得，我在凌晨3点吃了好多鱼肉馅饼，超级美味。

鱼肉的，真香……

喂，霍马，你从哪儿搞来的？

咦，这是什么？我竟然拿着这个！

坚果

工具10：比喻

比喻是一种生动形象的修辞手法。你可以花很长时间描述你是如何安安静静、蹑手蹑脚地趁你祖母睡觉时偷偷溜进走廊去开门，你也可以说："我像猫一样悄无声息地走路。"这样的比喻简单易懂，人们瞬间就能联想到那幅画面。

Zzz

拿好香肠……

嘿嘿！

我像猫一样悄无声息地溜进了厨房里……

不要避重就轻！

自己做！

最近的一天在你身边发生了什么故事呢？可能你觉得没有什么新鲜事，那么再仔细回忆一下吧，试着对镜子讲述出来并用录音机记录下来。你首先想到的是什么？讲一讲吧！

写一下提纲！

24小时内发生的故事

这个可以给你帮上忙！

道理我都明白了，然后要做什么呢？

不能做	可以做
• 一股脑儿都讲完。	• 选取一个故事线，坚持从头到尾地讲完。
• 讲话声音小又很单调。	• 变换声调和声音强弱，在关键的地方注意停顿。
• 很少关注听众，沉浸在自己讲的故事中。	• 控制好自己的情绪，依次注视每位观众，不要长时间地盯着某一位。
太糟了	扑克牌脸

做得很好！

很棒的建议！

41

举个例子

一名叫做娜斯佳的女孩给我们讲了一件发生在她自己身上的故事。

在一次考试中，娜斯佳向同桌借笔，老师看见了，以为她们在偷偷商量解题方法。老师生气地把她俩赶出了教室，还嚷嚷着要让她们"不及格"。娜斯佳伤心地流下了眼泪。考试前她认真复习了这门课，本想拿满分。

有些人遇到这种事会感到愤愤不平，想跟老师据理力争到底，但娜斯佳和她的同桌有巧妙的处理方式。她们敲了敲老师办公室的门，平静地说："老师，我们想让您重新给我们出题，什么样的题都行。我们发誓绝对自己独立完成，不打小抄，不商量。"

性格强硬的老师同意了女孩们的建议。她给她俩重新发了一份新的试卷，结果娜斯佳得了100分，她的同桌得了80分。

这个故事还可以以不同的方式呈现，而且娜斯佳是一个很健谈的女孩，她其实还可以介绍一下她的同学，她的老师，讲讲她是怎么准备考试的……但娜斯佳却选择只讲故事主干，丝毫没有偏题。整个故事只花了一分钟，全场掌声雷动。

你怎么这么软乎乎！

你干吗啊？我就夸你一下呀……喵喵喵！

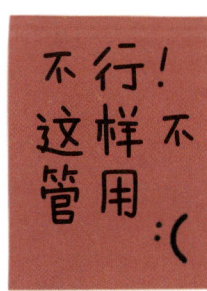

第3章
皮克斯的奇妙法则

本章讲什么？

　　你有没有问过自己一个问题：有趣的故事和无趣的故事究竟有什么区别？我们大家也有这样的疑惑。我们在课堂上听过不计其数的故事，有些令人耳目一新，有些则乏味枯燥。这些故事出自形形色色的人之口，其中不乏一些聪明睿智又雄心勃勃的企业高管。

　　是的，世界上真的存在讲故事黄金法则，遵照这个法则讲故事，故事一定妙趣横生。皮克斯动画工作室（你一定看过这个公司出品的动画电影：《美食总动员》《海底总动员》《机器人总动员》《怪兽公司》《勇敢传说》等）发明了这个法则。商业培训师丹尼尔·平克还在他的书《全新销售：说服他人，从改变自己开始》中谈到了该法则。

　　在本章，我们将为你介绍皮克斯法则的相关内容。

别斯，你知道皮克斯法则吗？

头一回听说。

没事儿，一会儿就知道啦！

真的可以严格按照算法来想出一个故事吗？可是创意从何体现呢？

当第一次意识到艺术也可以通过技术加工出来的时候，我们也觉得很震惊。但当我们的认识加深之后，就理解了其中的奥妙：技术只是骨架，其他的部分仍然需要用创造力去填充。

不知道这个事实是否可以安慰到

你：所有好莱坞电影都是采用严格的技术拍摄而成的。你还记得我们在第1章里谈到的亚里士多德的方法吗？那也是技术，而且是历经千百年都屡试不爽的技术！

总之，技术还是值得一学的。

皮克斯工作室的法则

1. 从前（曾经……）

在故事的开头，主人公出现了。主人公可以是一个人、一只动物、一座城市，甚至是一张凳子。总之，主人公可以是任何我们观察到的事物，或者说，一切能够引起我们同情、紧张、尖叫、害怕、快乐的事物，一切能充分调动我们各种情绪的事物。

尊敬的陛下！

真香！

2. 每天……

介绍完主人公后，我们可以简要地描述一下他的日常生活。主人公过着平凡的生活，从事着普通的工作，去过几个地方。

真香！

3. 突然……

这里指一切发生转折的地方。主人公突然遭遇了一些出乎意料的事情。在电影语言中，这种情况被称为情节点。例如，主人公坐在教室里上课，数学老师正拿着他的练习册大发雷霆。这时，一条巨龙突然闯进来，喷出滚滚烈焰。这时，听众就会明白：大难临头了，接下来肯定没什么好事发生，一切都太突然了。

在这里转折了！

拿到哪儿去？

你已经饱了，再吃就成小肥猫了。

天呐，这一切太可怕了！！！

4. 然后……

这时，故事的作者会详细而精准地描述主人公如何惊慌失措，他遇到了哪些不可抗力，以及周围的一切是如何轰然坍塌的。曾经习以为常的生活似乎变得遥不可及，而现在的生活已经变得面目可憎，难以忍受，而且这种绝望的痛苦将永远持续下去。

5. 接着……

是的，这一段的主题听上去和上一段差不多。但是，我们在第4部分讲的是主人公的处境多么糟糕，而在第5部分中就应该介绍他如何鼓足勇气，拯救世界。要么是从老师手中拿过来的练习册派上了用场，要么是他的朋友挺身而出，要么是主人公想出了什么对策，大家齐心协力，一起做到了。总之，第5部分是主人公的"绝地反击"。

喵喵喵。

6. 结尾……

在这一部分，主人公大获全胜，载誉而归。他战胜了巨龙，但最重要的是，听众都由衷地感到高兴！在很短的时间内，他们与主人公的距离被缩短了，仿佛与主人公并肩作战一般，久久回不过神来。

吧唧吧唧……

太刺激了……

我好像就是这么讲故事的，我是不是很棒？

请你先自己检查一下：你真的是按照上面所说的方法讲故事的吗？如果是的话，那你可就太棒啦！

👉 想一想，人们在刚开始讲故事时最常犯什么错误？

通常情况下，人们会跳过前两个部分，直接从第3部分开始，故事很快就进入到最紧张可怕的阶段。然而，在这种情况下，可怕的事情就显得不那么可怕了——因为缺乏前后对比。

阿琳娜就是这样讲故事的："有一次，我和爸爸妈妈去滑雪。突然间，发生雪崩了……"在阿琳娜的故事中，第1部分和第2部分都被漏掉了。当然，每一位听过阿琳娜讲故事的人都会对她遭遇雪崩的事情表示同情，但听众与阿琳娜的心理距离却很遥远，这种感觉就好像他们听到一则发生在某个遥远国家的道路交通事故新闻一样。听众未曾体会到雪崩前的宁静和美好，因此无法用心感知故事主人公的遭遇，难以做到换位思考。

可以这样暂停吗？

不能，在哪儿展开情节呢？冲突体现在哪里呢？

阿琳娜很快意识到她的故事中少了点什么，并升级成一个优化版本的故事：

有一次，我和爸爸妈妈去高山滑雪。我是新手，勉勉强强才能站稳；爸爸像奥运冠军一样滑得行云流水；而妈妈不喜欢滑雪，于是留在咖啡馆等我们。

我非常有自知之明地选择了适合初学者的绿色赛道。很快，我就已经滑得像模像样了！

第二天，我去了更陡峭的蓝色赛道。爸爸说："好吧，你自己搞定吧！"然后就去滑他的黑色赛道了。

大家听到这里已经隐隐觉得有什么事情要发生了。转折很快就会来了，很快了……就是现在……现在……

是的，这样讲故事确实能够引发听众的无限遐想。与此同时，他们还沉浸在阿琳娜的故事中，仿佛自己也置身于一种放松的状态中，和亲爱的家人一起享受着美好的旅程，没有鸡毛蒜皮的争吵，一切都是那么的温馨和睦。只有讲完这些之后，你才能开始第3部分——"突然……"。这时，你的声音发挥着很重要的作用。（还记得我们在第2章中关于停顿的内容吗？）

好吧，你自己搞定吧！

"突然……"阿琳娜沉默了，她凝视着大家，"我偶然一回头，突然发现，巨大的雪体从山顶滑落了下来。"

这时，阿琳娜又做出了一个正确选择：她简要地向听众解释了一下什么是雪崩。

"起初它看起来一点也不可怕，只是积雪开始从山上往下移动，"阿琳娜接着说，"但是积雪移动的速度非常快，且每秒钟都在疯狂加速，巨大的雪体裹挟着冰碴子急速冲下来。在山脚下遭遇雪崩的杀伤力相当于迎面撞上一块混凝土板，非常可怕。我从来没有遇到过雪崩。当时我就傻站着，愣住了，然后突然意识到：积雪冲我袭来了！"

这点非常重要：你要确保听众理解你所说的话。否则对于他们来说，听你的故事就像听天书。

从这里开始进入到第4部分——"然后……"。在皮克斯法则中，这一部分的重要性仅次于第3部分和第5部分。这是为什么呢？

奥秘就在于第4部分的故事时长应该和剩下的几部分保持一致。

在这个时候，阿琳娜犯了一些错误。她对大家说："我当时害怕极了。突然，爸爸不知道从什么地方蹿了出来，抱起我来，把我救了。"然后就没有其他的描述了。

听众并没有切身感受到当时情况的危急，他们思考的时间不够充分，可供思考的细节描述也不多，难以在脑海中想象出当时的场景。

如果他们根本来不及体会主人公沮丧、害怕和惊恐的感觉，他们又怎么能够体会到劫后余生的庆幸呢？作者越是深入地带领听众进入黑暗隧道，他们就会越欢快、越迫切地想要奔向光明。

"突然，爸爸不知道从什么地方蹿了出来，抱起我来，把我救了。"不对，这么讲不太对……然后是……然后是……

哇，多有意思啊！

阿琳娜自己也觉得讲得有些不对劲，于是立刻进行纠正："在我的左边，一块巨石滚落，右边也突然飞过来一小块石头。有的人尖叫起来，有的人开始挖雪坑，希望在里面避一避，直到雪崩过去。但我知道绝对不能这样做。有一次上安全课，救援人员告诉我们，这是一种非常危险的逃生方法。我知道我必须跑，只能跑。但是我的身体仿佛被冻僵了一般，寸步难行。我站在不断逼近的积雪面前，绝望地想：怎么办？我该怎么办？就在10秒钟前，我还怡然自得地在蓝色赛道上肆意驰骋。而现在，我呆呆地站着，等待其中一块冰块砸在我身上。冰块纷纷落在我的身边，伴随着剧烈的轰鸣声，在雪地上砸出一个个密集的孔洞，就像炸弹爆炸一般，冰渣四处飞溅。"

听到这里，我们都吓呆了，甚至想大声喊："自救啊！求你了，一定要活着啊，我们都紧张死了！"就在我们紧张的神经快要绷断的时候，阿琳娜继续说道：

"突然，有人把我抱了起来。等我回过神来的时候，已经被转移到了另一个地方。是爸爸救了我。原来，他想返回看看我滑得怎么样了，结果正好遇上雪崩，于是朝我飞奔过来，速度比雪崩还快。"

这时，阿琳娜讲到了故事的第5部分。在她的故事中，拯救她的不是自己，而是爸爸，但这丝毫没有减弱故事的戏剧性。

"晚上，我们得知一名游客在雪崩中丧生了。"阿琳娜继续说道，"最后，大家都悲伤而焦虑地回到了酒店。妈妈不住地称赞爸爸是大英雄，之前她可从来没有用那么崇拜的眼神看过爸爸。现在我有一个梦想，我希望有一天也有人会用妈妈看爸爸的那种崇拜眼神看我。当然，为此我必须做出一些像爸爸那样拯救生命的壮举。"

发生什么了？我怎么会在这儿？

没事了没事了！你安全了。

你是我的英雄！

我也想像爸爸一样做个英雄！

我们忍不住起身为阿琳娜鼓掌，大喊"好样的！"。其实当时我们也不知道究竟是在为她的故事鼓掌，还是在为她的爸爸鼓掌。

不，我们应该还是被故事打动了。阿琳娜的这个故事讲得实在太好了，以至于同学们都忍不住把它复述给了自己的亲朋好友。

但其实一开始，阿琳娜是这样讲故事的："有一次，我和爸爸妈妈去滑雪，结果那里发生了雪崩，最后是爸爸救了我。"

就算讲述同一个故事，通过两种不同的方式讲出来的效果却千差万别，你体会出来了吗？

第二种讲故事的方式太仓促了，我还来不及思考发生了什么……

你快把老鼠放了，它都吓得炸毛了！

放了我吧！

55

Q： 第1部分可以很长吗？是不是对主人公的描述越长越好？

A： 在第1部分中，"长篇大论"与"只言片语"都不可取。如果对故事背景和主人公的情况都一无所知，听众就不会被故事本身打动，但如果你讲得太过详细琐碎，人们又会失去耐心，感到厌倦。

谁会愿意花整整10分钟听一些对高山、小径和滑雪的描述，却没有任何情节进展的故事呢？

Q： 第3部分惊险的情节可以展开讲很多吗？

A： 其实也大可不必。危险必须是突如其来，难以预料的。比如说："突然！雪崩了！""突然，一条疯狗猛追我！""突然，巨龙喷出火焰烧毁了半个村庄！"如果你花太长时间渲染这种危险的氛围，等到刺激神经的新鲜感消失了，故事就显得没那么可怕了。而我们恰恰需要这种新鲜感，这是大家听故事的动力。

讲故事的时候你完全可以稍微放大

我是伟大的讲故事天才！

你这个人是怎么了？

唉，他又开始觉得，自己全都懂了。

这种危险感。记住，讲故事不是对事情的精确复述。你的任务是唤醒听众的情绪，使情绪随着故事情节不断转换。讲任何故事都像是表演戏剧，你完全有权对此进行艺术加工，放大某部分的细节。

有这么一句成语——草木皆兵。讲故事的人也要善于营造这种恐慌焦虑的氛围，否则故事就不会跌宕起伏，牵动人心了。毕竟，如果我们所讲的故事一点也不偏离事实，哪里会有那么多惊心动魄的精彩故事啊！

👉 所以，记住这个法则：快速、清楚地交代完前3部分，然后详细描述第4部分，接下来故事情节要来个急转弯，迅速进入到第5部分。

舒缓的情节过去之后，气氛从这里要突然高涨……

自己做！

用上述方法讲个故事。想想这个故事何时发生的，精彩之处在哪里？

道理我都明白了，然后要做什么呢？

不能做	可以做
• 略过故事发生的背景或是赘述太多。	• 用几句话简单向听众交代主人公和故事发生的背景，展现出故事发生前一派安宁祥和的场景。
• 匆匆带过主人公身处险境的情节。	• 描述主人公遇到的险情，这部分用时和故事剩余部分的时长一致。
• 忘记交代故事的结尾。	• 故事有惊无险地收尾，观众长舒一口气。

不要这样做 :(

只要拿的不是我的瓜子就行！可要当心啊！

举个例子

你可以再读一遍阿琳娜的故事，它是使用皮克斯法则讲述故事的完美范例。也可以观看一部皮克斯动画工作室出品的影片。你将意识到一个完美故事所包含的6个部分。

你的故事！

1. 主人公 概述。

_____

2. 主人公的日常生活。

_____

3. 突然……

_____

4. 然后……

_____

5. 接着……

_____

6. 结尾……

_____

科特，你拿了霍马的瓜子！

你就把我当成恶人吧……

瓜子

第4章
如何讲述短故事

讲故事时，我们可能会遇到一些令人沮丧的时刻：故事刚讲到一半，听众已经失去了兴趣；听众兴致勃勃，但是上课铃响了，大家该去考试了；或者故事很好，却来不及讲完。

总之，我们常常不得不把故事说得简短一些。那么，应该怎么做呢？

你们去哪儿啊？！我还没讲完呢！

嘿，有小球！

我该吃饭了。

长故事与短故事的区别在哪儿?

在上一章中,你学习了如何完整地讲述一个故事。但其实还有一类短故事,它们短小精悍,类似于轶事趣闻。你也需要学会讲这类故事的方法。

可以把这种短故事扩充到长故事的篇幅吗?原则上是可以的。但你必须很努力才能让听众觉得不无聊。长故事可以缩减到短故事的篇幅吗?也可以,但是最好还是让长故事按照长故事的规则推进,短故事按照短故事的方法讲述。

我们都知道,文学作品中有短篇小说,也有长篇小说。托尔斯泰当然也可以删掉90%的故事情节,写出短篇小说《战争与和平》。但是为什么《战争与和平》最终是长篇小说的形式,《菲利波克》是短篇小说的形式呢?这两个文学作品虽然风格各异,但都是优秀作品。

写什么呢?长篇小说篇幅长,短篇小说篇幅短,怎么办呢?

也就是说，有时候短故事比长故事更好？

当然了！首先，听众不可能时刻准备着听你讲故事。有时候，他们不是不想听你讲故事（他们肯定想！），而是情况不允许。比如说，课间休息的时间只有10分钟，那么你就不应该非要占用五六分钟的时间给同学们讲一个故事，因为他们可能有很多其他想做的事情。这时候你可以给他们讲一个短故事，把长故事留到放学之后再讲。

但是，如果你已经准备好了一个详尽、绝妙的故事，那就不要强行缩减故事篇幅了。等大家都吃饱了，上完课了，重要的事情都干完之后你再把它讲出来，到那时你再尽情享受众星捧月的美妙感觉吧。

听众的注意力可以激励讲述者，让他讲得更好，表现得更有激情。

各位！我有事情跟你们讲！

他怎么了？

短故事也要讲究技巧

是的，讲短故事是有技巧的，而且这种技巧你早已有所耳闻了。在第3章中，我们讨论了皮克斯故事法则。不用翻到前面了，让我们在这里一起来回忆一下吧：

1. 从前……
2. 每天……
3. 突然……
4. 然后……
5. 接着……
6. 结尾……

对于短故事，你可以使用皮克斯故事法则的精简版。

👉 你认为上面列出的哪几项要缩减，哪几项要删除？

当我们在课上问到这个问题时，成年人通常认为，需要缩减"从前……"和"每天……"的部分，但是必须保留"突然……"和"然后……""接着……"的部分。

但孩子们有时会提出更偏激的思路——只留下"突然……"和"结尾……"的部分。

你是怎么想的呢？

63

事实上，讲短故事的方法如下：

1. 从前……（或"曾经……"）——用一个简短的句子即可。

2. 突然……——也是一句话概括。

3. 接着……——连接句。

4. 结尾……

虽然短故事只需交代首尾，但令人发愁的地方依然不少。比如说，用短故事很难讲述马达加斯加岛原住民的生活。这是因为我们对他们的生活知之甚少，常常需要一些事实来帮助我们加强理解，而关于马达加斯加岛原住民的长故事却很容易讲述。

不要搞混了！

不过，你用短故事的形式很容易讲清楚同学在体育课上不及格的事情。每个听众都非常清楚体育课的情况，熟悉不及格的情形有哪些：跑不快、跳不高或球投不进篮筐。你也无需跟大家解释什么是体育，什么是不及格。

你知道吗，迪迪尔在马达加斯加不及格。这难道不好笑吗？

迪迪尔是谁啊？

好，例子？

可以举一个好理解的
短故事的例子吗？

你可以思考一下，你会如何讲述在树林里迷路的短故事。以下是一则短故事的例子。

"有一次，我去森林里采浆果，结果迷路了。我绕来绕去，却怎么都找不到回去的路，我害怕极了。突然间，我看到我的狗阿尔戈（一条哈士奇犬）穿过灌木丛朝我跑了过来。之前它明明还在小木屋附近徘徊，这会儿却奇迹般地跑到我跟前来找我了。一看到阿尔戈，我就不那么害怕了。我脱下衬衫，将其中一个袖子系在阿尔戈的脖子上，自己牵着另一个袖子（以免狗跑得太远），然后发出指令：'阿尔戈，回家！'然后它就带我回家了！"

这是一个简短易懂的短故事。然而同样的情节以长故事的形式讲述出来，你就能发现它们有多么不同，却又何其相似！

"有一次，我和父母、朋友还有我的狗一起去森林里的木屋。那是我第一次去森林木屋，对我来说那是一个非常陌生的地方。当大家都在收拾行李时，我决定探索一下周围的环境，顺便为晚餐摘一些草莓。

"我最喜欢摘草莓啦！每次摘草莓时我都会带一个罐子，并用绳子把它挂在我的脖子上，这样就能腾出双手来采摘，很快我就能摘到满满一罐。之后，我会把草莓带回家，让大家吃到新鲜草莓蘸牛奶和砂糖——这是我六月的招牌菜。"

哦，原来如此！

于是，我一到森林木屋就抓起了罐子，挂上了绳子，偷偷跑进屋后的森林。我心里想着：那儿一定有草莓！

然而，我找到的草莓并不多，于是我走向森林深处继续寻找……突然，我意识到自己已经不记得木屋在哪儿了。我想到可以通过观察青苔来分辨方向，我看了看，那边是北，这边是南，然后呢？我是从哪里来的？从北方还是从南方？我竖起耳朵，希望能听到马路上传来的声响。我们刚才开车经过了这片森林，所以附近一定有公路！但是四处都静悄悄的。

然后我走啊走——向左、向右、直行……似乎到处都有路。我又奋力向前跑了一段，可是路又消失了。我仿佛置身于沙漠一般，还产生了幻觉。我迷迷糊糊地摘下草莓，一会儿放进罐子里，一会儿又放进嘴里。我知道，我不能饿肚子，因为我可能不得不在森林里过夜了。

我觉得此刻的自己像一个吓坏了的小女孩，虽然两小时前我自认为是一个成熟的大人，可以靠自己的力量用草莓"养活"一大家子人。就在我绝望得快要哭出来的时候，我的狗阿尔戈——一只大型西伯利亚哈士奇犬突然出现了，它用鼻子戳了戳我。

我在哪儿呢？

我们一年前买了这条品种纯正、身姿敏捷的狗。一年来，阿尔戈长了 30 厘米，比这一品种的狗的平均身高高出整整 20 厘米。我们最爱抚摸它的头，阿尔戈从来都对我俯首帖耳。它毛茸茸，垂着耳朵，看起来比小熊维尼还要善良。

虽然阿尔戈在狗狗比赛中没有获得过任何奖牌，但是不得不说，它确实是一只出色的宠物狗。这时，它轻轻蹭了蹭我的腿，仿佛在说："迷路了？那我带你走出去！"我脱掉衬衣，只穿着泳衣（蚊子立刻扑向我裸露的手臂、背部、腹部），我把衬衣袖子系在它的脖子上说："阿尔戈，回家！"此刻，我还心有余悸，声音甚至还在颤抖。

阿尔戈努力向前奔跑，我跟着它越过沟壑、灌木丛……它义无反顾地坚定向前，这种感觉前所未有。几分钟后，它领着我找到了木屋，虽然我刚刚去过那里，但木屋没有给我留下任何印象。

最令我生气的是，没有人注意到我的离开。每个人都想："妮娜可能在花园里""妮娜可能在屋子里"。但是当我回来时，每个人都立即注意到了我的草莓！

阿尔戈

别叫啦！

听起来短故事更容易讲，是这样吗？

你更喜欢哪个，短故事还是长故事？其实这两者都很好。比如说，在一群人中，如果有人已经在你之前讲述了森林中迷路的长故事，那你就可以讲一个短故事，换换口味。

如果有人讲完一个很长的故事之后，你又开始滔滔不绝地讲一个同样话题的长故事，大家不会想听的，他们肯定想讨论一些别的内容。但是如果你说："我也知道一个这样的故事！"然后再抛出一个"狗狗紧急救援"的短故事，那么所有听众的注意力一下子就被你吸引了。

甚至你可能会被接连提问，人们会想了解更多细节。这是一个非常好的信号！

太好吃了……

别把糖摆出来！

如果你能把握好分寸，人们会更专注地听你讲故事：因为他们知道短故事会很快结束，他们会把握住每一秒钟来享受听故事的乐趣。讲长故事更容易还是短故事更容易——这一切都取决于你自己。对于一个优秀的讲故事者来说，这两者都很容易。

如果你对讲故事还无法做到信手拈来，那么你需要认真完成我们在每章末尾给你布置的任务。你可以复习前面讲过的故事，多讲几遍，最好是用录音机把讲过的每个故事都记录下来。就算你觉得自己讲得很糟糕也千万不要删掉，你可以将录音保存在私密文件夹中。

如果你常常练习给朋友、亲戚、老师讲长故事和短故事，一年之后你讲故事的能力会有显著提高，一切将会超乎你的想象！到那个时候，当你打开秘密文件夹，听到自己讲的第一个故事时，你肯定会大吃一惊：一年内竟发生了这么大的变化！说实话，我们见证了许多这样的蜕变。

讲故事黑匣子！

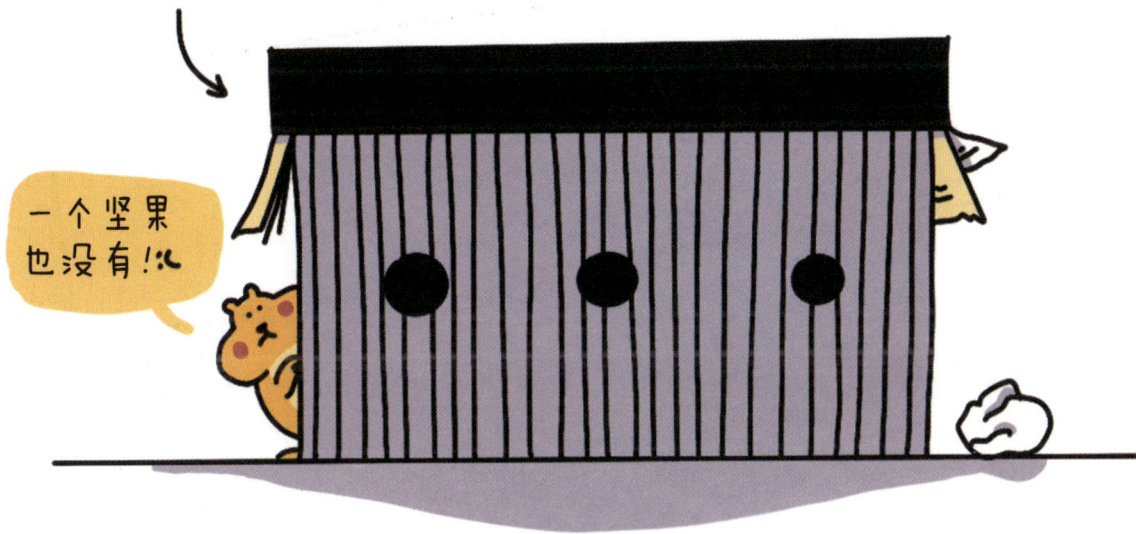

一个坚果也没有！

自己做！

如果你给朋友们讲了一个长故事，却没有得到他们积极的回应，那就试着把这个长故事改成短故事吧。去掉所有的细枝末节，只留下最重要的部分：发生了什么，你又是如何摆脱困境的。

道理我都明白了，然后要做什么呢？

不能做

- 以"突然"开头讲短故事。

  这样做是不对的 :(

- 在短故事里添加很多细节。

- 把短故事讲得很长，时不时地停下来，思考接下来该怎么讲。

可以做

- 用一句话勾勒出"突然"之前发生了什么。

  :)

- 只讲一些必要的细节，便于理解。

- 用15~30秒演练一下，提前准备好要讲的短故事。

  你真是太棒了！

帮帮忙！

举个例子

　　奥列格是班里年纪最小的学生。一般小孩子很难赢得大孩子的信任，但奥列格做到了，这都要归功于他的短故事讲得好。

　　奥列格知道，大家不太可能专心听他讲长故事，于是他选择从短故事入手。他先用录音机录下要讲的每个故事，认真听回放，纠正不足，然后反复录制、不断改正。奥列格讲的故事虽然只有短短20秒，但每个字都经过了精心打磨，以至于他第一次讲故事就给人留下了极其深刻的印象。

　　在讲完第3个故事之后，有人开始请求奥列格："再讲一遍吧！"在讲完第5个故事之后，奥列格已经可以利用上学路上的时间创作出一个故事，不再需要提前录音练习。直到现在，短故事仍然是奥列格最喜欢的口头表述方式，全校同学都成了他的粉丝。

第5章
如何讲关于自己的故事

本章讲什么？

你肯定会说："噢，这可太简单了！我这么了解自己，当然可以把自己的故事说得很有意思。"你这么想也没错，毕竟，人总是乐于倾听和讲述自己的事情。如果人对自己不感兴趣的话，早就像猛犸象一样灭绝了。

但问题是，你讲的故事别人可能觉得没什么意思。在讲述有关自己的故事时，稍不注意就会讲得空洞乏味、枯燥冗长、天花乱坠，很难吸引人。在本章中，我们将帮助你更好地介绍自己，让别人对你的兴趣暴增。

子民都臣服于我的雄威！

国王陛下 →

噢，天呐，太可怕了！

吧唧吧唧。

为什么关于自己的故事可能会很无聊？

如果学校开设公开演讲这门课，那么在自我介绍这项考试中，分数会呈现出鲜明的两极分化。有些学生会得到优秀，有些学生则会不及格。成年人面对这门考试也将会是同样的结果：有些人的自我介绍特别出彩，有些人的自我介绍则不知所云。为什么会出现这种情况呢？

假设你要向朋友们介绍某位老师、某个朋友、某条狗、某个国家，或是整个世界的社会政治概况，那么对于你和听众来说，老师、朋友、狗、国家和整个世界的社会政治概况都是第三方话题。就算你比听众了解的情况更多，你们对这个话题知识储备的差距也不会太大。

现在假设你要进行自我介绍了，如果把听众对你的全部了解与你的自我认知进行比较，那么这两者就像是小孩子提的沙桶和重型卡车的容量一样相差甚远。换句话说，你对自己的了解比你的听众多百万倍。

除了上面的问题之外，还有一点是你无法确定的：卡车里的哪些东西是听众的沙桶里已经有的。也就是说，你很难判断在讲故事的过程中哪些事情需要解释，哪些不需要。

还有一个问题让人头大：虽然你对自己身上发生的一切事情都充满兴趣，但听众可能只对某些方面比较好奇。所以，如果你只是兴致勃勃地跟大家讲你是怎样去的诊所、怎样排队献血，那么虽然听众会时不时地点点头，但实际上他们的思绪早就飞到九霄云外了。可能心里还在默默想着："他什么时候才能说完啊？太无聊了！"

毛毛软乎乎的！

我就这样吃面条的……

真可爱！

=^.^=

那么你的意思是，干脆不要讲关于自己的故事啦？

当然要讲！而且还要大大方方地讲出来！这里有一个秘密你需要知道，它可以让你的故事变得更加吸引人。乍一听它可能有些复杂，但是没关系，接下来我们会帮你弄清楚。

👉 这个秘密就是：只有当你讲的故事与听众有关的时候，听众才会在意你的故事。

也就是说，你讲的故事必须在听众中引起共鸣，让他们惊呼："哎呀，和我一模一样啊！""哎呀，我有一次也连续被抽了3次血！"或者"哎呀，我恰恰相反，我非常害怕献血。"

看到了吗？故事的主题不是最重要的，关键在于你会不会讲。同一个在诊所献血的话题，你既可以空洞乏味地陈述你的经历，也可以给听众抛出一些信息点，让每个人立即回想起自己相似（或完全不同）的经历。

如果你的故事成功地引起听众的共鸣，那就意味着你讲对了。如果并没有，那就意味着这个故事只是对你而言很重要，对其他人来说还没有引起共鸣，至少目前是这样的。不过，你可以重新加工一下这个故事，日后再把它讲出来。

血淋淋的故事

我昏迷了……

身上出现淤青。

如何重新讲故事呢？为了好理解一点，能举个例子吗？

奥莉亚向我们讲述了她自己染刘海的故事：头发染好之后，不是艳丽的棕红色，而是可怕的铁锈色，就好像在沼泽里浸泡了很长时间。这个故事本身挺有意思，奥莉亚自己说到染发那段还不禁放声大笑起来。但实际上，她的故事并没有真正触动任何人。

为什么奥莉亚的故事没有引起大家的共鸣？问题出在哪儿呢？毕竟，之前也有人尝试过自己染头发或帮朋友染发啊。

👉 原因在于奥莉亚自己笑了出来。还记得吗？我们之前提到了讲故事的黄金法则：讲述者和听众只能有一方表达情绪。在讲述关于自己的故事时，这条法则就是金科玉律。

> 然后我洗了头……哈哈哈哈……我染出来的是铁锈的颜色……哈哈哈……就像刚从沼泽地里出来似的……

> 卡佳，借我用一下橡皮……

> 这个故事可怕得很，哪里搞笑了……

如果讲述者本人哭了，那么听众就会感到心里不舒服。如果他本人笑了，那么故事也就一点都不好笑了。

在讲述我们自己的故事时，我们很容易动情。我们向听众敞开心扉，就像在拍 X 光片一样暴露自己真实的想法，同他们分享对我们来说最重要的事情。然而听众竟然不听，这多么让人生气啊！

奥莉亚也感到很挫败。我们和她一起稍微修改了她的故事，并邀请她去另一个小组再讲一遍。她同意了。

在向人们敞开心扉但没有得到任何回应之后，奥莉亚还愿意再试一次，实在勇气可嘉。她当然很害怕，根本不想重复这样的经历，但是她说："如果我不再试一次，这件事将成为我的心结，而且我会难过一辈子的。"

说完她就走上了讲台，不动声色地开始讲她的故事。这一次听众被逗得哈哈大笑。大家笑声一停，她赶紧又把下一个包袱抖出来，接着又收获了一阵笑声。"我甚至很庆幸我第一次讲故事没有成功，"她后来回忆道，"不然现在我根本不懂在讲关于自己的故事时应该做什么，不应该做什么。"

我心满意足地把头发洗了，我突然发现头发流出了……绿色的水……嗯……

啊哈哈哈哈哈！

啊，我的脸都笑疼了……和我上次染发一模一样！

快别说了，笑死我了。

什么样的细节要讲，
什么样的不必讲？

在本章开头，我们已经讨论过判断哪些细节需要解释哪些不需要是一件很难的事。比如说，你不会游泳，这个事实对于你来说再熟悉不过了，但其实别人并不知道这一点。你这样讲故事："有一次，我不小心从船上掉到水里，往前游了 10 米才发现水特别浅，我的脚都能踩到底！"大家耸耸肩，不太理解："那又怎样呢？"如果你解释说，一般你只能在水里上下扑腾（根本不会游泳），然后突然真的往前游了一段距离，竟然也做到了，那么大家对故事的反应就会截然不同。

还有一些人讲故事的时候走了另一个极端：要讲出关于自己的一切。甚至出门前系鞋带这样的细节也要讲出来。"唉，这还用说吗？你也不可能散着鞋带走路啊！"其中一位听众受不了了，

忍不住吐槽。讲故事的人觉得自己被冒犯了：我讲得好好的，正要讲到有趣的地方，突然被打断了！

为了避免搞砸你精心准备的故事，我们给你推荐一种非常简单有效的方法，它包括两点：

1. 在给朋友讲故事之前，先用录音机将故事录下来。

2. 讲故事时，用第三人称"他"或"她"叙事。

没错，就好像这个故事不是发生在你身上，而是发生在瓦夏或玛莎身上。当然了，主人公"他"或"她"还是要用你的名字。总之，就是以第三人称的形式讲述你自己的故事。你的大脑会立即辨识出哪些细节需要与观众分享，哪些细节是无关紧要的。

👉 现在就试试吧！效果如何呢？

故事应该讲多久呢？10分钟算长吗？

10分钟太长了。现如今，最有价值的东西不是金钱，而是时间。你占用听众10分钟听你讲故事，作为回报，你必须给他们提供一些非常有价值的信息，或者带来非常强烈的情感体验。否则，他们会感觉在你身上浪费了时间。

一个故事最多讲5分钟。而且，这个故事应该由几个情节共同推动，充满令人意想不到的转折和不可预测的场景。

说是小故事，其实篇幅一点也不短，整个故事的内容大约要占2.5张打印纸。专业广播员朗读一页文本需要两分钟，由此推算，5分钟的故事就需要2.5张打印纸。

这是很充实的故事了，你同意吗？

科特，这些纸是用来干什么的？写书稿吗？

你怎么回事？没认真听吗？这是你跟朋友见面时要讲的故事啊！你刚才根本没听我讲话……

我在5分钟内能讲完吗？

你一定能讲完的。你一定听说过 TED 演讲吧：人们走上舞台，向大家讲述一些重要的话题，每位演讲者用自己独特的说话方式让故事变得格外生动有趣。

最长的 TED 演讲大概18分钟，在此期间，演讲者能讲四五个故事呢！他们可以做到这一点，相信你也可以。

好！！

79

我想告诉大家，我翻筋斗翻得很好，这会显得我在自吹自擂吗？

这是一个好问题！可惜的是，成年人通常不会思考这种问题。他们走上舞台大谈成功之道，灌输心灵鸡汤，以至于观众都忍不住叫道："好了，别吹牛了！"

其实大家也都明白：演讲者并没有欺骗听众。他真的取得了成功，达成了目标，为此克服了千难万难，只是他的语气让听众不由得想跟他唱反调。

那该怎么办呢？自嘲。是的，就是采用自嘲的方法。如果你直接告诉我，你翻筋斗翻得有多好，那这听起来确实很酷。但更酷的是，你还能讲一讲你刚学翻筋斗时可笑的摔跤场景，或者说说你外婆是怎样对你翻筋斗嗤之以鼻。比如外婆皱着眉头说道："你还是老老实实吸取教训吧！你这样翻，脑仁都要压出来了。"或者一些别的什么糗事，那么故事就显得有趣多了。

你知道有一个特别有意思的怪现象吗？

👉 人们会嘲笑居功自傲的人，但是对那些自嘲的人反而很尊重。

不要羞于开玩笑！这会很有意思的，而且你在朋友中的威信也会有所增长！

科特，这不是说的你嘛！你是我们的吹牛大王！

你叫我吹牛大王吗？你谈论你的玩具球能说上一小时……

自己做！

跟大家讲一件发生在你身上的事。故事搞笑还是恐怖都不重要，关键是要让大家听得饶有兴致。

坚果！

关于自己的故事

坚果！

别忘了自嘲一下！

道理我都明白了，然后要做什么呢？

不能做	可以做
在故事里添加太多细节，或是缺少必要的解释。	先用录音机讲一遍，把"我"换成第三人称"他"或"她"，体会一下哪些故事细节需要保留。
故事时长超过5分钟。	讲故事之前确保大家都没有急事赶着要去做。
讲自己的事情时语气过于严肃。	善于自嘲。

这样不太好

拉近与听众的距离

谁把牌子立在这儿的？

喂，大家快看呐！

干货满满呀！

应该拍下来！

举个例子

鲁斯兰假期想去一家小型设计公司当实习生。他画画很棒，想体验和专业设计师一起工作的感觉，并趁此机会向他们学习专业技能。

"请简单介绍一下你自己。"设计公司老板在面试中对鲁斯兰说。鲁斯兰想了想，回答道："我就说三件事吧。第一件事，我视画画如生命，没事就练手。第二件事，有一次课间休息，我把写在黑板上的练习题擦掉了，画了一只活灵活现的长颈鹿。老师来了狠狠地骂了我一顿，因为这些练习题上课要用，是老师课间特意写上去的。第三件事，这时，校长正好路过，他看见了黑板上的长颈鹿。他欣喜地说：'太巧了！我们一直缺一个校徽，这回有了！'你猜怎么着，长颈鹿真的变成了我们学校的校徽。"

老板笑着说："看得出来你是个有创造力的人。那给我看看你画的长颈鹿吧！"不出所料，鲁斯兰被录取了。

那给我看看你画的长颈鹿吧！

第6章

没有情节怎么讲故事呢?

你可能会遇到这种情况:你和父母度假回来,玩得非常尽兴。你迫不及待地想跟大家分享你的经历。不过问题是,假期发生的事也没什么新鲜的:晒日光浴、游泳和远足。你怎样从这些稀松平常的琐事中提炼出一个故事呢?

再比如,你需要发表一个关于19世纪建筑的演讲。你想要尽可能讲得有意思一点,而不是让全班同学一边听一边无聊地打哈欠,可是你也没有相关的趣事可以分享。

在本章中,我们将教会你如何在没有故事情节的情况下仍然把故事讲得妙趣横生。

那儿有一个建筑,高耸入云……有这么高……

他怎么会讲得这么无聊?!

放学后就可以去跳舞了……

为什么很难给大家做出描述？

老实承认吧：平时你阅读的时候是不是会略过一部分？毕竟，只有少数人才会一字不落地把书都读完。通常，人们只会挑选一部分细细品读或是反复阅读，其余的就粗略地扫一遍。比如说，有人发现，读长篇小说《战争与和平》的时候，男孩通常喜欢读"战争"的部分（即战斗场景），而女孩则喜欢读"和平"的部分（即剩余部分）。当然，这只是青少年读书偏好的大致情况。如果我们针对所有人群做个调查，了解他们在读书时会跳过哪些部分，大多数人都会回答："景物描写部分我没有很仔细地阅读。"

这并不奇怪。景物描写是最复杂的表达方式。想象这样一幅画面：所有运动员都穿着高级运动鞋站在起跑线上，只有一个人赤脚上阵。你可能会想，不要说跑赢了，就是追平别人都已经很难了！描写这种表达方式（表达方式分为记叙、描写、抒情、议论、说明）就像一个赤足的跑步运动员，从一开始，他就不具备其他表达方式在描述故事情节上的优势。

我也不喜欢描写。

我们有时候可能会用词不当，语调缺乏感染力，甚至讲得有点拖沓。但是如果有精彩的故事情节作为支撑的话，就算故事有以上这些问题，听众也会选择默默原谅。如果缺乏有趣的故事情节，所有的缺陷就会暴露无遗，大家耐不住性子听到结尾就会走神了。

这是不是意味着我们不能谈论一次很普通的旅行，也不能成功地做一场关于建筑的演讲呢？

答案当然是否定的！这就是我们接下来要讲的内容。

好无聊啊！

如何把建筑讲得很有意思呢？

"不好意思，我上节课没来。"叶戈尔走进教室的时候向我们解释道，"我和家人前几天去科隆了。"

"那可太好了！"我们笑着说，"那么现在你为我们讲一个关于科隆的故事吧！"

"可是我没有准备啊"，叶戈尔满脸疑惑，"那我给你们看一下我手机里的照片吧。"

于是他开始边展示照片边讲，他讲的故事特别好，是这样的：

这就是科隆的教堂

"科隆最具代表性的建筑非大教堂莫属。我们去大教堂就是为了一饱眼福。你们能想象吗，这座教堂的建造历时600多年！当然，建造工期是断断续续的，始于 13 世纪，直到 19 世纪才完工。我心想：这座大教堂的建筑师开始就知道，他在有生之年是等不到大教堂建成的那一天了，他看不到建筑图纸变成实物的样子，他的孩子也没有机会看到。建造这座教堂的工人一开始也知道他们不可能亲眼看到教堂竣工，但他们还是义无反顾地参与其中。这座城市里一代又一代的居民繁衍生息，大教堂也在日复一日地被建造着。在第二次世界大战期间，科隆遭到了猛烈轰炸。所有人都担心大教堂也会被摧毁：它可是建了600多年才完工的啊，岂能在一瞬间就灰飞烟灭了呢。万幸的是，飞行员没有往大教堂投下炸弹。据说，他们最后是把这座建筑定为了地理参考点。但在我看来，飞行员可能也舍不得投炸弹吧。当时，我看着这座教堂，心里想着：现在的我可以触摸到 13 世纪的石头。我活在21世纪，但可以穿越时间回到13世纪。"

👉 你认为，叶戈尔的故事为什么会这么有意思呢？

原因不在于教堂，他讲一个偏远村庄的木屋也能收到类似的效果；原因也不在于照片，甚至也不在于故事的简洁（当然，我们也要把握好故事时长）。

关键在于细节

是的，重在细节！

👉 细节就是一个个短小精悍的故事，它们的存在可以使整个叙述更加精彩。

再读一遍叶戈尔的故事，你就会注意到这个故事中包含了建筑师的故事（设计了大教堂并且知道看不到它建成的那一天），建筑工人的故事，市民的故事，甚至还有飞行员的故事（看到了大教堂，但没有扔炸弹），当然还有叶戈尔本人的故事（用手触摸了13世纪的石头）。

作为对比，这里附上维基百科中关于科隆大教堂的一段文字摘录：

大教堂的建造工程始于其东部，该部分的建造和装饰工程历经约70年才完工。大教堂是根据建筑师格哈德·冯·里勒的图纸进行建造的。黑色大理石主祭坛周围是一间画廊和一个小教堂，主祭坛的壁柱由多根圆柱组成，拱顶由华美的横梁支撑，内部空间的柱顶上还装饰着镀金叶子。大窗窗孔由镂空石刻装饰，所有内部建筑的装饰都呈环状或半环状，与教堂北侧部分交相呼应。

谁讲述的大教堂更有趣——叶戈尔还是维基百科？老实说，肯定是叶戈尔。维基百科的目的是简明扼要地向读者传达大量信息，尤其是向那些自己本身就对科隆大教堂很感兴趣的读者（比如有些读者想写一篇关于它的报告或论文）。叶戈尔的故事则更适合那些不打算深入了解或是完全不了解科隆大教堂的人。

👉 这里有一条非常重要的规则：听众对你讲述的主题了解得越少，故事就会越引人入胜。

反之他们根本不会听，只会低头玩手机，干自己的事情，最多就会礼貌地点头，但其实根本没在听——因为他们不感兴趣！

通常，我们会在课上给出这样的场景作为参考。"想象一下"，我们会这样对大家说，"你要给一个充满好奇的2年级学生讲故事，必须尽量让他对故事感兴趣。"我们选择2年级学生是有原因的：通常，一个 8 岁的孩子所感兴趣的话题已经和15岁、20岁、30岁或70 岁的人大致一样了。不过与此同时，你要用8岁孩子可以理解的语言解释一些复杂的事情，并且举出很多例子。这些例子正是缺少情节的故事所必需的细节。

2年级的孩子是最佳听众。

大家好！

怎么找到这些细节呢？我怎么知道听众感不感兴趣呢？

你当然知道，只是你之前从来没有认真思考过。人们对那些能够引发强烈情绪的事物很感兴趣。他们会情不自禁地感叹"天啊！""哇！"或扼腕叹息："唉，可怜人"，或是不由自主地赞叹道："真是英雄啊！"……

"大教堂是根据建筑师格哈德·冯·里勒的图纸进行建造的。"这句话叙述准确，却不会唤醒听众的任何情感，而"我心想：这座大教堂的建筑师开始就知道，他在有生之年是等不到大教堂建成的那一天了"这句话却能触动听众柔软的内心。

注意一下：叶戈尔并没有说出建筑师的确切感受。他只是假想了当时的情况，感同身受地揣测了一下建筑师的想法：如果我是建筑师，我会怎么想呢？一旦听众开始代入建筑师的角色，一切感受、一切情绪都自然而然地产生了。通过这种方法，你能够完全吸引听众的注意力，直到故事讲完大家都不会走神。是的，没有情节发展的故事可以仅由一些看似连续的描述组成，也可以被讲述得很精彩。

把我画好看一点吧！你看你把房子画得这么好！

要不然我去当艺术家吧！不然的话，我临死前除了一堆砖，什么成果也看不到。

噢，我似乎摸到一些门道了。
可以再举一个例子吗？

当孩子们学会了如何正确讲述故事中最难的部分——描写的部分之后，讲故事一下子就变得轻松简单了。他们的故事就会像聚宝盆一样取之不尽用之不竭。虽然故事都精彩绝妙，但还有一件重要的事——如何让人印象深刻。

"有一次，我和父母一起去红海玩。"克谢尼娅跟我们讲，"那是我第一次去潜水，本来还有点害怕的，但水下世界太美了，以至于我之前所有的恐惧都消失了。我看到一只波点鱼在游泳。毫不夸张地说，那条鱼和妈妈出席我小学毕业典礼时穿的裙子的图案一模一样，我在海里差点笑出声来。我还看到了珊瑚，但不敢游得离它们太近，因为它们也是掠食者。你们知道吗？红海里的一些珊瑚能吞掉和自己身形差不多大的水母。当然，我比水母大多了，但是以防万一，我还是决定不要太靠近珊瑚。我可不想亲眼看到什么东西被吃掉的景象。"

这是一个很棒的故事，你们同意吗？克谢尼娅不仅让我们见识了海底世界的震撼，还用她的幽默带给了我们欢乐。她的表达太出彩了："当然，我比水母大多了"，这句话谁听了都会忍不住会心一笑吧。总之，幽默是人类一项伟大的发明。它适用于讲关于自己的故事、短故事和长故事。当然了，描述某个事物时也用得到。

当然了，对有些人来说，讲笑话很容易，但对另一些人来说就太难了。如果你灵光乍现，想讲一个笑话，那就不要藏着掖着独自享用啦，放到故事里讲给大家听吧！

91

自己做！

回忆一下你的游玩经历：去乡村、去旅游胜地、去另一个城市……讲一个令你印象最深刻的故事。你可以介绍一座造型独特的建筑、一次摄人心魄的壮美日落，或者一辆可以开到地铁站里的有轨电车（你去过伏尔加格勒吗？在那里的地铁站，你可以看到普通的有轨电车开到地铁站台上。游客都觉得这件事情非常新奇）。

向我们讲出你的故事吧！先用录音机录下来，再讲给你的朋友，最后收获大家"哇"声一片吧！

回忆自己当时的感受.

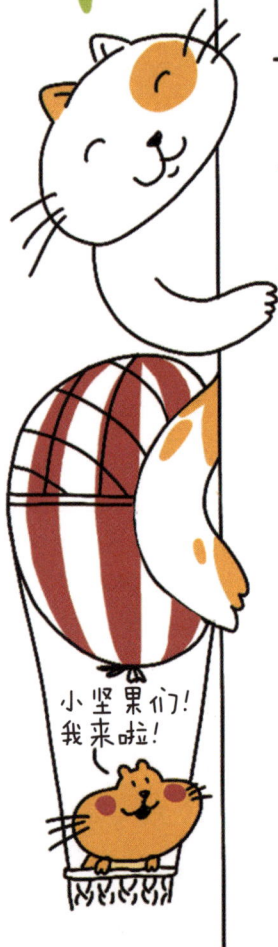

回忆自己的游玩经历

在这里简要地写出来

_____

_____

_____

_____

_____

_____

_____

小坚果们！我来啦！

回忆自己的游玩经历！你去哪儿玩了？看到什么啦？

道理我都明白了，然后要做什么呢？

不能做	可以做
• 直接抛出结论："这是一个宏伟壮观的教堂"或"这是一个风景如画的村庄"。	• 讲一下为什么你觉得教堂宏伟壮观，村庄风景如画。
• 使用百科全书或旅行手册上干巴巴的语言。	• 通过有意思的细节（迷你故事）串联起你的故事。
• 大量名词堆砌在一起。	• 想象着你在给二年级的孩子讲故事，明确他们的喜好。

别斯，你为什么不来帮忙呢？

我追球跑累了。

举个例子

　　老师给同学们布置了一项作业：写一篇描写大自然的作文。玛莎讨厌一切描述类的作文，更不用说描写大自然了，但最后她还是决定采用我们的方法，试着通过细节来描述大自然。

　　她来到城市公园，在林荫道上走啊走，仔细研究树木：这些树长得像什么？是什么时候被种下的？它们在公园里是如何长大的？此外，她还上网搜索了其中的一些树木，惊讶地发现它们原本并不生长在这个气候带。

　　最终，玛莎写了一篇题为《树木故事集锦》的作文，这篇作文是百分百的描述类作文。老师给玛莎打了高分，还把她的作文送去参赛。玛莎开心地告诉大家，其实得高分、获奖这些都不重要，重要的是。她突然意识到，从无聊的事物中也可以挖掘到有趣的东西，并把它讲述出来！

去吃冰激凌吧！

讲个故事吧！

第7章

如何在不熟悉的圈子里讲故事？

本章讲什么？

有一天，你可能需要独自融入一个陌生的群体。比如，你参加一个露营活动，你所在的小组有30个人，你全都不认识。再比如，朋友带你去参加他朋友的生日聚会，在座的有15位客人，而你只认识你的朋友，对过生日的人也知之甚少，仅有的一点信息还是从照片中得到的。

在一个陌生的群体中，你必须应对一些场面，谈论一些事情……那么，该讲些什么呢？读完本章内容，以上的问题就迎刃而解了。

我不去，我谁也不认识。

别斯，你怎么回事？！大家都很喜欢你的！

开心点！！

为什么我感觉在露营地比在别人的社交圈里更自在一点呢？

不是只有你一个人这么想！大多数人都宁愿待在一个大家都互不相识的圈子里，也不愿待在一个其他人都知根知底，只有自己是外人的圈子里。原因在于，当你是这个圈子里唯一的新人时，你会感觉自己就像是一个异类。如果大家互不相识，那么就不存在外人了，人人都平等。因此，面对不同的群体，你的行为方式也应该是不同的。

说点什么呢？

我的高脚杯呢？

好害怕.

呼噜呼噜——

科特，我还是老样子，总是紧张！我该说些什么呢？我要怎么开口呢？

你别紧张.

如果进入了一个大家都是熟人的圈子，我该怎么做呢？

即使你是一个讲故事天才，一开始也最好先保持低调。既不要像被人审讯时缄口不语的犯人，也不要跳上凳子大喊大叫："我现在要开讲啦！"

先仔细观察一下，圈子里的人都是什么性格。有人是领导风范，有人是"开心果"，有人是恐怖故事大王……这些人的性格都要靠你自己去揣测，因为大家不太可能跟你讲："是的，瓦夏是灵魂人物，玛莎总是让大家开怀大笑，而彼佳则是恐怖故事大王。"这些只是大家私下里的感受。

现在想象一下：一个陌生人突然闯入一个人人相互熟悉的圈子里，又试图打破这个圈子的常规。圈子里的人会喜欢他吗？当然不喜欢，他们会用一些温和的方法排挤这个格格不入的陌生人。

以下就是一个非常令人失望的场

我使劲一跳，正好落到红心上！

哇！

真棒！新来的这个真可爱！

景：你准备讲一个精彩的故事，这个故事你之前跟许多熟人讲过，每个人都笑得合不拢嘴，拍手叫绝。你暗自期待通过这个故事在新团体里立足。然而，故事讲完之后大家没有任何反应。更准确地说，发生了更糟糕的事情：大家公然无视你的故事。有人开始打电话，有人相谈甚欢，有人起身离座。

在这种情况下，讲故事的新人会很难过，自尊心备受打击。不过，如果新人首先以一种旁观者的身份融入新圈子：感受大家的沟通方式，了解各位的兴趣和个性特点，然后再开始讲故事。这样的话，他会受到更多人的欢迎。因为，一方面他已经适应了环境，另一方面他给这个圈子带来了新鲜的话题。任何团队都会欣赏这一点！

👉 如果你来到一个人人相互熟悉的圈子里，先按兵不动观察一阵吧！与其急匆匆地获取大家的关注，不如先观察一段时间再出手。

这个故事很棒的！

哎呀呀！

哈哈哈哈！

如果我进入了一个大家互不认识的圈子怎么办？

这里情况就正好相反了。想象一下：露营地里的各位成员来自不同的城市或不同的学校，谁也不认识谁。大家面面相觑，开始了简单的对话："哇，这里很酷啊。""我去年来过这里。""你知道我们的主营地在哪里吗？"有人介绍了自己的名字，但是很快就被众人忘记了……

在这种情况下，保持沉默、默默观察是绝对不行的，因为这正是你扮演主讲人的大好时机。自信的人总能成为众星捧月式的人物。你可以利用你的好口才见缝插针，在谈话中穿插几个有意思的段子。保持积极的心态，提前丰富一下你的故事素材。

我没有什么有意思的故事可讲……

你喜欢恐怖故事。那就给大家讲讲你的恐怖营救故事吧！

你一定可以的！我相信你！

突然从灌木丛里窜出来一头熊……

哇，太恐怖了！

在露营地的第一天适合讲什么故事？

短小精悍 👍

第一，故事必须简短。

可以只讲一个简单的短故事。你还记得我们在第4章介绍的如何讲述短故事吗？复习一下，温故知新。当然，不是不可以讲长故事，只是时机不太对。你应该等到大家都相互认识了，过了初来营地的新鲜劲儿之后再讲。在刚来到营地的最初几个小时里，你突然向大家输出大量的信息，没有人能耐住性子听完你的长篇大论。这种感觉很难受，不是吗？

> 别让大家觉得无聊！讲点轻松愉悦，短小精悍的故事吧！

第二，故事必须很有趣。

把恐怖故事留给篝火晚会，戏剧性的故事留到熄灯后的那段时间里讲。大家刚认识的时候呢，最好讲点有趣的事。笑话是故事大师的必杀技，没有人能抵挡得住。

开个玩笑 :)

3 反应迅速 →

第三，故事进展必须要快。

刚入营的前几个小时里，情况是完全不可预测的。可能你们刚在凉亭里坐了下来打算休息休息，又突然被紧急召回，准备吃午饭。如果你的故事刚开头，那该怎么办呢？讲到一半就放弃？不可以，你要尽量缩短长度，迅速把故事讲完，顺便抱怨一下："唉，他们都没有给我留机会好好讲故事。没关系，稍后我再给你们讲一个更好玩的。"然后，你再找机会给大家讲一些非常有趣的事情。

> 主要是，注意时间和场合。安排好要讲的故事！

★★★

要么情况恰恰相反——你在讲一个短故事，全程没有电话打断，大家都非常配合，听得入迷，似乎意犹未尽。这时候你就需要在故事中增加很多细节，放缓故事情节的推进，逐渐引出高潮，力图让每个人都最大程度地享受听故事的时刻……听上去是不是很难呢？确实，这并不容易，但是，相信我，这还不是最困难的。

★★★★★

> 你一定会成功的！

每个人第一次讲故事都会害怕

是的，第一次讲故事总会让人有些担心。也许你连故事都选错了，也许大家都不想仔细听你说话。不过，第二次讲故事会好一些，第三次就更上一层楼了。这就像骑自行车一样：起初你怎么都学不会；然后勉强可以做到了；最后，你紧握车把可以骑起来了。以后你再骑上自行车，就可以轻轻松开紧握的双手，你想拐到哪边就把车把转向哪边，轻轻松松，骑一整天都不觉得累。你心想："这有什么难的？不就是坐着踩踏板嘛！"

为了轻松学会骑自行车，你需要找个教练，他会向你传授技巧，教你如何保持平衡、如何踩踏板、如何加速和刹车。讲故事也是一样的道理。

我们就是教你讲故事的教练。现在我们要告诉你一个非常重要的建议：想一想你的听众是谁，你现在为什么要讲故事。简单地说，你的目标是什么？

目标

讲故事的时机不同，目标也可能不尽相同。所以每次你要开始讲故事之前，都要问一下这个问题。

例如，你讲故事是什么目的：

A. 打发空闲时间；

B. 鼓舞人心；

C. 通知重要信息；

D. 有人讲完一个故事后，你再与其他人分享一个同主题的故事；

E. 吸引眼球，让别人注意自己。

毫无目标地讲故事是没有意义的，这种故事大家不会爱听。没有准备好的故事就像生面团，谁会放着馅饼不吃，去吃生面团呢？

好故事和坏故事的定义不是一成不变的，你要看它是否适合你的听众，是否应景。

选一选！

别斯，拿事实过来！在架子上，笑点的左边！

科特，我没看到呀！那儿只有美人鱼的眼泪和傻瓜式的笑话！

点子

细节

细节

我有点不明白，能举个例子吗？

瓦季姆有一个精彩的故事，讲的是他为了躲避妈妈的怒火跳窗而逃。窗户在一楼，所以瓦季姆没有受伤。但是这件事情导致妈妈对他又多了一些唠叨："长辈和你说话的时候不要跳窗！"这个故事瓦季姆已经讲了好多次了，总能收获一片笑声。

夏日的一个夜晚，瓦季姆所在的露营小组坐在篝火旁一边烤香肠，一边分享回忆。女孩阿尼娅突然讲了一个非常有趣的故事：她和恐高的小狗一起从一楼跳了下来。"我也有一个这样的故事要讲！"瓦季姆惊呼，然后开始讲自己的故事。最终他勉勉强强讲完了，因为他发现根本没人在听。

狗狗到现在都有应激发应！

嗯，为什么呢？

👉 你认为，为什么这次瓦季姆的故事不再吸引听众了呢？

有这么几个原因。首先，在情感强度方面，瓦季姆的故事没有阿尼娅的那么强烈。听众听了阿尼娅的故事会哈哈大笑，对瓦季姆的故事反应就没这么强烈了。

其次，他的故事和阿尼娅的故事非常相似——人们已经听过一个跳窗故事了，接下来想要切换到另一个话题。

第三，瓦季姆的故事太拖沓了。人们厌倦了长篇大论，他们想要听短故事来换换口味。总的来说：瓦季姆没有遇到讲故事的大好时机。换一个时间，换一个场合，他的故事讲出来肯定要成功得多。

看到我的坚果了吗？

没呀！

还有什么时候不适合讲故事呢？

在你大喊"我有故事要讲！"之前，先看看大家正在做什么，考虑一下你打算怎么讲这个故事。

你们正围坐在篝火旁，有人在弹吉他。那你就先别讲故事啦！吉他已经成为大家关注的焦点，你无法分散听众的注意力。

你们坐在篝火旁已经听了两个小时的吉他伴唱了。那就把你的故事讲出来吧。大家肯定听歌听烦了，立刻向你的故事倒戈。

你们在地铁上吗？当然不能讲啦。你说话别人会听不清的。

你们在火车上吗？太好了，可以讲。漫长的旅途中恰好需要故事相伴。

你们正在为足球比赛做准备，对手强劲，气氛紧张。那么可以讲一个很短的逸事。不过，大家听故事可能会有点心不在焉，因为每个人都在忙着自己的事。

足球比赛大获全胜，你们正在咖啡馆庆祝。这个场合也不适合长篇大论，这是讲一个小趣事的大好时机。因为听众很有可能激动过头，无法长时间关注情节的推动。简单来说，考虑时机。这非常重要！

好的时机是成功的保障！

自己做！

留意一天中什么时间适合和同学、朋友、父母分享长故事，什么时候适合讲短故事，什么时候最好保持沉默。

如果你身处陌生的小团体，试着分析一下，谁是控场讲故事的人？ 谁是领导者？ 大家都爱听谁讲话？

道理我都明白了，然后要做什么呢？

不能做	可以做
● 刚进入一个陌生小团体就开始滔滔不绝地讲自己的拿手故事。	● 刚进入一个陌生小团体后先观察大家的性格，了解大家习惯讨论什么话题。
● 在大家都互不认识的圈子里表现得扭扭捏捏，不敢展现自己。	● 在大家都互不认识的圈子里首先担当起主讲人的角色。
● 别人还不想听你讲的时候就长篇大论。	● 讲故事前先审时度势：大家是否会听你讲，是否会喜欢你的故事。

不应该这样做 :(

举个例子

玛丽娜说："我做事总是不合时宜！"她是一个聪明的女孩，在理科方面表现不凡，但在情商方面还需努力。尽管玛丽娜具备讲故事的能力，但她总是把握不好时机，常常在不恰当的场合打开她的故事匣子。

于是，我们建议她制订一份包含 5 个问题的清单。讲故事之前，玛丽娜可以先在心里分析一下情况：如果她对所有问题的答案都是"否"，那么她就可以开始讲故事了。如果答案只有4个"否"，那么讲故事这件事就待定。如果"否"低于4个，那么玛丽娜就要放弃这次机会，等待一个更合适的时机了。

玛丽娜的清单如下。

1. 这个小团体里，是不是其他人都互相认识，只有我和大家都不熟？

2. 是不是有人刚刚讲完一个故事？

3. 是不是有人刚拿起吉他或者打开卡拉 OK？

4. 我们赶着去某个地方吗？

5. 周围的环境嘈杂吗？这里是不是不能大声说话？

玛丽娜真棒！

第8章
故事情节从何而来？

本章讲什么？

如果我们要列一个常见问题清单，那么"故事情节从何而来？"这个问题肯定要排进前三。 不论是学生还是职场上的成年人都会问到我们这个问题：

"我的生活中没发生什么新鲜事，如何为故事找一个主题呢？"

如果你也有同样的问题，那么读一读这一章吧，之后为你揭晓答案。

该怎么做呢？

讲点什么呢？

我没有话题……

是的，有人就很幸运，生活中有很多话题可讲。比如说，家里住着一只老虎、一只鬣蜥或是发生过什么奇特的事情。有的父母热爱旅行，带着孩子乘船从北极航行到南极。这可是真人真事，十几岁的女儿在社交媒体上记录下了旅行的感受，获得无数点赞。有的人画卡通漫画，15岁时就在自己的视频博客中教别人画画了。

"但我很普通！"丽塔说道，"我的爸爸妈妈是公司经理，平时我按时上学，放学后和朋友出去玩。夏天就去乡村露营……我连猫都没有！我有什么可讲的啊？"

"例如，你可以讲讲最近看过的电影啊。"另一位同学提出建议。

"可是我刚开始讲，就发现其实人家已经看过了。"丽塔哼了一声。

我太普通了……

讲个电影吧！

不好不好，大家都看过了！

👉 你觉得丽塔错在哪儿？

她错就错在以为听众只对情节惊险刺激、离奇曲折的故事感兴趣。一个优秀的讲故事者就算足不出户也可以把生活中发生的任何事都变成精彩的故事。

丽塔犯了很多人都会犯的错。准确地说，她缺少一双善于发现的眼睛。其实，故事主题在生活中随处可见，有意思的事情需要你自己去发掘。

许多年前，我曾在大学新闻系授课。全国各地的年轻记者和摄影师都来听我讲课，他们大都住在离学校步行时间10分钟的旅馆里。

有一天，一个小组里的学生们开始抱怨："我们没什么可拍的新闻素材啊。这里没发生什么新鲜事啊""故事情节从何而来呢？难道写满广场飞的垃圾袋吗？"

"为什么不能写垃圾袋呢？"我反问道，"你对这个话题感兴趣对吗？广场上是不是空荡荡的呢？想一想为什么人们不来这个广场：他们工作很忙吗？还是只是不知道在这里能做什么？你被溢出垃圾桶的垃圾绊住过吗？你有没有注意到垃圾多久被清理一次呢？"

"哇，你已经给我们提供了至少3个故事灵感。"学生们击掌称赞。

"我给你们布置一个任务。"我说，"当你们从学校回旅馆时，注意一下周围发生的事情，想10个故事的主题。"

"10个？"学生们惊讶地感叹道。

最终，许多人想出了15～20个主题。

就15~20个故事，很容易！

你一定可以的！

想想故事吧！

从家到学校的路上，你能想出多少个故事主题？

怎么样啦？

这是谁的坚果呢？

写一点关于我的事儿吧！

从家到学校的路上我能观察到什么呢？
举个例子吧！

你可以讲一讲在公交车上听到的一段对话，你有可能看见一只奇怪的狗，它不停地闻着一棵树，若有所思的样子像极了刷动态时不知该如何评论的我们。后来它似乎又改了主意，转身走掉了。毕竟随便给别人评论可不是什么好习惯。

或者，你可以坐在电车里观察路上的汽车。每辆车由不同的人驾驶，于是被赋予了不同的性格：有的人急性子，喜欢超车，一骑绝尘；有的人开车技术生疏，在右侧车道上缓慢行驶；有的人对前面踩急刹车的司机不满，超车之后自己又开始猛踩刹车……

别斯留下一条消息……喂，喂，情况如何……

还有一只小狗发了条短信！

在路上你可以观察到无数有意思的场景。练习一下观察力吧！一开始，你会觉得根本没有什么可讲的。但是，如果你每天都带着目标上路，试着寻找一些生活中有趣的事情，那么练习到第三天、第四天的时候，你会觉得自己的观察力变好了，可以注意到很多以前没有注意的事情。同时你获得了很多故事的主题，新故事还可以帮你结交到新朋友，因为旧故事大家早就听腻了！

我曾经在报社担任多年记者，养成了主动对周围发生的一切事情进行评估的习惯：这件事值不值得见报呢？有时，我一天内要为好几家报刊杂志写稿子：汽车刊物、女性杂志和社会时政周刊等。你也许会问：怎么会有这么多内容可写呢？如果你也养成细致观察身边所发生的事情的习惯，那么你将会发现许多值得书写和讨论的话题。俗话说得好：世界上并不缺少美，而是缺少发现美的眼睛。

看到什么就讲什么可以吗？

任何你觉得有意思的事情都可以讲：这件事情不一定非得是你亲眼看到、亲耳听到、亲身经历的，也可以是你之前读到的、听说过的一些事情。这些都没有关系。

我们班有一位名叫亚历山德拉的女孩，她很少讲自己的事情。所以，我们对她知之甚少，只知道她的名字和年龄。另一位同学萨沙也不爱讲自己的事儿，但很擅长讲那些她在网上读到的或从朋友那里听到的新鲜事儿。

👉 还有一点需要多加注意：如果你朋友讲了一件关于他自己的事，你觉得这个故事很不错，想把这个故事复述给别人听。那么你要先征求你朋友的意见，获得他本人的许可之后你才能讲。

她是怎么做到的呢？

玛丽娜在 Youtube 上创建了一个频道。

哇！

多年前，一名来自下诺夫哥罗德的年轻记者应邀到莫斯科工作。当时还没有互联网，首都丰富多彩的生活和之前在省城单调的生活一比，那真是一个天上一个地下。记者发现自己和周围光鲜亮丽的其他人格格不入，她心想："我有什么趣事可以分享给他们吗？"于是，她向大家讲述了之前采访的故事。

这位记者给大家讲了一个车床工的故事。这位车床工是全厂唯一可以为潜艇制作精密零件的工人。厂长有一次甚至亲自恳求这位技术骨干先加急完成一个紧急订单再换班，并时常担心他要是退休了厂里该怎么办。大家都兴致勃勃地听完了这个故事。

大家也很喜欢另一个故事。这个故事讲的是一个工人被推选为工人代表。得知这个消息后，他叹着气说道："真是两难，同意也不是，拒绝也不是。如果拒绝了，他们会说：'真是个傻瓜，竟然拒绝这种好事儿！'如果同意了，他们又说：'野心还不小，你干得了吗！'我不想当傻子，于是就同意了。"

你猜得没错，讲故事的这个记者就是我。虽然我身上没有发生什么有趣的事情，但我看到、听到、读到的事情，都可以作为故事的素材。

👉 人们总是对别人的故事很好奇。快讲给大家听吧！

我可不想当傻子！

我又没采访过传奇人物，那该怎么办呢？

我们之前说过，并不是只有传奇的故事才有趣。你的父母、祖父母、叔叔阿姨、兄弟姐妹……他们身上肯定有着不同寻常的故事。

也许，你的曾祖父和曾祖母当年不顾家人的反对才最终走到了一起。或者，你的祖父母用雪橇拉回了他们人生中的第一台电视机，结果雪地太滑，电视机掉下来摔坏了。祖父祖母因此闹得差点离婚。虽然后来他们和好了，但是至今他们都很讨厌电视机。

要么是，许多年前，你的爸爸妈妈乘火车去旅行，却因为前方一棵树倒了，砸坏了铁轨和电线，他们的车被迫停了整整10小时。而你的爸爸妈妈刚考完试，太累了，正好在火车上睡了整整10小时，完全不知道列车发生了事故。

有一天我的耳朵很痛，妈妈不知从哪儿听来一个偏方，打算让我试一试，据说效果很好！

先给你煮一煮酒精！

然后她就真的把酒精倒进锅里开始煮了起来……你瞧，这就是我妈妈所谓的偏方。

我不知道爷爷奶奶有什么有趣的故事

你可以问问他们！他们肯定有话要说。在把故事讲给朋友听的时候，你可以稍微夸张一点。故事不是历史的复刻，需要经过艺术处理才会更加有趣。但也要注意，不能撒谎违背事实。

例如，温度计显示的气温是36~37摄氏度。为了夸大天气热的程度，增加故事效果，你可以说室外温度高达40度。但是，如果你的爷爷没有上过战场，你却说："我爷爷打过仗！"这就是对现实的扭曲。

👉 你可以修饰故事细节，但不能扭曲事实。

如果你的亲戚朋友坚决拒绝分享生活趣事（我们觉得这种情况不太可能），你也可以从书本或网上获取故事情节。

但是千万不要堂而皇之地把别人的故事视为自己原创的故事。你最好诚实地告诉大家，自己读到了一个很棒的故事，然后再开始复述。否则，早晚会有人拆穿你的，就像我们常说的"纸包不住火"。你肯定不想这句话用到自己身上，对吧？

获得许可后再引用别人的故事。

致敬！

记住，真相早晚会大白于天下。

自己做！

问问亲戚朋友过去的事儿，并以此为基础讲一个1~2分钟的故事。想一想，该怎么讲出来才能让朋友们爱听呢？试着讲一下吧！

道理我都明白了，然后要做什么呢？

不能做	可以做
• 直接说："我身上没什么有意思的事。" *看看更好的方法吧！*	• 留意身边发生的不寻常的事情，即使那是一件不起眼的小事。
• 不经允许就转述别人的故事。	• 问问亲戚朋友的经历，征得他们的同意才可以转述故事。
• 把别人的故事说成是自己的原创。 *非常不好！！！*	• 适当地修饰故事情节，设计一些有意思的细节。 *太棒啦！*

举个例子

索尼娅与妈妈的关系有点紧张。索尼娅想和朋友出去玩，妈妈却很担心，总让女儿待在家里。

有一次，索尼娅趁着妈妈心情很好的时候问了一个问题："妈妈，之前外婆有没有因为你出去玩责骂过你啊？""哦，确实有这样的事！"妈妈讲了一个令人紧张的故事。

原来，索尼娅的妈妈8岁那年，曾自作主张带着弟弟去看望住在河对岸的祖母。那时候是冬天，寒风刺骨，河面都冻住了。索尼娅的妈妈把弟弟放在雪橇上，拉着雪橇过了河，来到祖母家，他们吃了馅饼、暖了身子才回家。

那个时候还没有电话，大家没法取得联系。当索尼娅的妈妈带着弟弟回到家时，她的父母脸色苍白，已经担心大半天了。虽然一切平安，但索尼娅的妈妈对父母紧张的眼神终生难忘，也非常担心同样的事情会发生在自己身上。

讲完故事以后，妈妈与索尼娅就出去玩的安全问题促膝长谈。索尼娅也据此创作了一个新故事。更重要的是，她和妈妈达成了协议，再也不会因为能不能出去玩的事情争吵不休了——妈妈同意女儿出去玩，只要女儿能实时同家人保持联系，并在规定的时间内回家。

走，我们去祖母家吃馅饼！

第9章

讲故事是怎么破坏友谊的呢？

本章讲什么？

从朋友的嘴里听到："你诬陷我！"令人很难过。更令人难过的是，朋友根本不原谅你，要和你绝交。最难过的是，你意识到你只是讲了一个关于朋友的故事，根本没想诬陷他，他却觉得被冒犯了。

以上这种情况是会发生的。仅仅因为一个故事，你可能就会失去朋友或让自己倍感委屈，甚至有可能被当场解雇（这种情况通常会发生在成年人身上，暂时不会威胁到你）。

如何防止这种情况的发生？请你继续认真阅读！

别斯，两年了，我一直在生你的气。你竟然还不道歉……

科特，对不起，我不知道我曾经冒犯到你了

和好！

我就是转述了一下朋友讲给我的故事，怎么会冒犯他呢？

还记得吗，在第8章中我们就讲过：就算你的朋友已经把他的故事讲给无数人听过了，但在复述他的故事之前，你还是要先征得他本人的同意。

为什么这一点如此重要？因为征求朋友的意见表明你尊重他。此外，即使获得同意，你讲朋友的故事时也要最大可能地接近原故事。

你可能已经体会到，许多孩子都不喜欢父母公开谈论关于自己的事情。

是因为父母在撒谎吗？并不是，父母说的都是实话。但是他们讲话的方式让孩子感到不适，想要大喊："拜托，你们不要这么说！不是这样的！"

父母对孩子的看法与孩子对自己的看法常常是不同的。反之，这条规则也成立，孩子对父母的看法也与父母对自己的看法不同。所以当孩子从父母那里听到关于自己的故事时，他们会感到很尴尬。

我记得不久之前他还尿裤子呢，一眨眼就6岁了！

奶奶，不要讲啦！

同样的情况也会发生在你和朋友身上。讲朋友的故事时，你可能会稍微渲染一下，别人听到之后又把它原封不动地复述给你朋友（"你知道萨沙是怎么说你的吗？"）——就是这样，你的朋友从此不想和你说话了，你永远地失去了一个朋友。

阿霞热爱跳舞，她拼尽全力学习动作，却在练习时不小心压断了舞伴的腿，阿霞羞愧地退掉了舞蹈课。对大家讲这件事时，阿霞面无表情，在场的娜塔和另一个朋友听了后却都笑出了眼泪。

之后，娜塔将阿霞的故事讲给了自己的朋友听。不出所料，在场的每个人都被逗笑了（娜塔确实是一个出色的讲故事者！）。

第二天，阿霞找到了娜塔。阿霞说："我这辈子都不会再告诉你关于自己的任何事情了，我放心地把自己的事情讲给你听，可是你做了什么？！"就这样，她们的友谊破裂了。无论娜塔如何努力，都无法重新获得朋友的信任。

👉 如果朋友在未经你允许的情况下讲了一个关于你的故事，你会做何反应呢？

信任是一件非常脆弱的东西！

讲故事的人还会踩到哪些雷呢？

在上面的故事中，不假思索地当众揭露朋友跳舞时的难堪经历就是在犯错。

在我们生活的这个世界，人人平等，任何人都不能以国籍、种族或性别等理由冒犯他人。但是就算你理解了这点，有些话还是会不假思索地脱口而出，这就有可能伤害到别人。

有一次，季马在大家面前谈起一个熟人时说："他就像犹太人一样贪婪，会为了一分钱上吊。"说完，他一转头就撞见了好朋友米沙，米沙瞪着他，那眼神就像是眼睁睁看着自己的房子被大火烧掉一般。然后，米沙走到季马面前，轻声说："我就是你说的犹太人。"转身就离开了。

季马其实根本就不了解犹太人，对犹太人的这种判断也完全是凭空臆断。季马意识到自己的口无遮拦深深地伤害了朋友。但是覆水难收，再后悔也都已经晚了。

如果你非常想要赞美某个民族，那么你可以对身边属于这个民族的人说一些褒奖的话。除此之外，最好不要对某个民族下定论：民族话题对很多人来说是非常敏感的，谈论这个话题时要非常谨慎。

务必遵守政治礼仪，谨慎发言，不然一不留神就可能会冒犯到别人。

尊重很重要！

嘲笑他人的体重或生理特征会冒犯他人

别人的身体怎么样那是人家的事儿，你没有评判的权利。评论别人的身高、体重、肤色、头发、衣服、生理特征是绝对不可取的。同理，在讲一些其他事情时，你可能还会陷入相同的困境。比如说，你问别人："塞兹兰是个什么城市？怎么会取这么一个名字？就算给我一卡车的钱我也不会住在那儿的。"这时，你的好朋友看着你说："实际上，我就出生在塞兹兰，我的祖父母也住在那里。塞兹兰是伏尔加河畔一座非常美丽的城市，我来自那儿，我很自豪。"那么，在这种尴尬的时刻，你就必须道歉了。这种事情一旦发生，你和你朋友都很难忘掉。

再比如，你笑着说道："我去了伊万诺沃，那里的人说话可真搞笑！就像村里没文化的大妈。他们还这样讲话：'母刘（母牛）''刘奶（牛奶）'，真是快把我笑死了！"这时你突然意识到，在来自全国各地参加野营的人们中，其中一些人可能就来自伊万诺沃。你瞬间

> 👉 如果你想嘲笑一种口音或方言，那么你最好现身说法，选择自嘲。你可以给大家讲一下，你突然发现讲了很多年的词都是错的。

你们知道吗，他们把"花边"说成"发边"。哈哈哈，我要笑死了。

噗……难道他是第一次离开首都去别的地方吗？

卡佳，别生气，他在胡言乱语呢。

就不想笑了，觉得浑身不自在，你的大脑飞速运转：接下来要讲点什么好呢？

谈论宗教相关的话题时你也要非常小心。不是所有人都会大声宣布他们的信仰，但当信徒听到他所信奉的宗教被亵渎时都会感到异常痛苦，觉得自己受到了侮辱。

👉 如果你必须谈论宗教问题，那么请你对此保持中立的态度。你可以这样说："卡佳是东正教徒，所以周三她禁食，不吃肉，不喝牛奶。我们坐在咖啡馆里，不知该点什么……"这样说不会冒犯任何人，因为你只是在陈述事实，仅此而已。

科特，你不能上去！

这个是白菜馅的。

谢谢！

益美智（一种桌游）

桌游让我们变得更亲近。

127

金钱也是一个很难讲的话题。有的人钱多，有的人钱少。有人轻轻松松就赚到了钱，花钱也大手大脚；有人为了理想节衣缩食，甚至连一支冰激凌都舍不得买。

有一次，马克西姆给大家讲了这样一件事情：8月底的时候，妈妈给了他一张5 000卢布①的钞票，让他去买一些上学所需的物品。马克西姆骑上自行车，到了学校超市却发现，口袋里的5 000卢布不翼而飞了。

马克西姆回到家，把这件事告诉了妈妈。妈妈并没有责怪他，但也表示没有多余的钱买学习用品了。于是，开学前马克西姆只买了一本最便宜的练习册，其余的只能等到九月份父母发工资后再买。

马克西姆还没讲完这件事，刚说到发工资的部分时，他的同学格里沙转头就走掉了。原来，格里沙的妹妹生了重病，家里所有的钱都花在了治病上。格里沙想到，这弄丢的5 000卢布可以让全家人一星期都吃上正常的三餐。他不禁泪流满面。

👉 金钱是最能够刺激人类情感的因素，所以在讲故事的时候，尽量不要触动大家脆弱的神经。

———————————
① 卢布：俄罗斯货币单位。

我整个夏天靠打零工挣了10000卢布，可以自食其力置办开学用的东西了。

这有什么，一个夏天我的食量见长了。

呸，瓦洛佳，你快闭嘴吧！

能和大家讲讲喜欢我的那个他或她吗？
我非常想倾诉！

我们都有过类似的经历，有时候难以抑制强烈的分享欲，想要一吐为快。我10岁那年，一个名叫尤尔卡的同学喜欢我。尤尔卡的成绩不好，而我当时是班里的三好学生，是学校的明星人物。我对尤尔卡并不太友好。

后来有一天，尤尔卡红着脸，鼓起勇气向我表白了，并送给我一把很漂亮的削笔刀。我非常想炫耀一下这份礼物。

"你拿的是什么呀？"课间休息的时候，同学们好奇地把我围了起来。

"小刀，"我得意地笑了笑，"尤尔卡送我的。"

"他为什么送你小刀呀？"他们很惊讶。

"因为他喜欢我！"我说道，说完我就朝尤尔卡那边瞟去。

尤尔卡全都听到了，他扔下书包、夹克，头也不回地逃出了教室，当天再也没有回来。直到第二天早上，他才走进教室，坐在离我很远的地方。从那天起一直到毕业，他都没再和我说过一句话。

👉 喜爱是一种玄妙且私人的感觉。到处散布别人喜欢你的故事会非常伤人。

嗯……

尤尔卡怎么了？他发生了什么？

尤尔卡，你怎么啦？

就算你不喜欢对你表白的那个人，也不要大声谈论这件事。我知道忍住不讲确实很难，如果真的觉得忍不住了，你也只能把这件事告诉你最亲密的朋友，并嘱托他："这件事我只告诉了你，因为你是我最信任的人，只有你可以讨论我和喜欢我的那个人。请你一定要保守秘密，不要告诉其他人。否则，我再也不会告诉你任何事情了。"

这么多年以来，我一直保留着那把小刀，提醒自己永远不要嘲笑别人的感情。

所以结论就是，几乎什么都不能讲了？

其实，不用有这么多的顾虑。你几乎什么都可以讲！ 再回顾一下本章内容：我们列出了很多不应该用来开玩笑的要点，不应该轻视的方方面面。但是，你大可以谈论很多话题，只要你是抱着尊重的态度。总之，你需要遵守的最主要的原则是：

👉 永远不能取笑别人，但你可以选择自嘲！

我喜欢和朋友们一起回忆中学时干过的那些蠢事！

我上学的时候特别不细心，写记叙文时总会写成《桀骜不驯的爷爷》和《固执己见的马》。我觉得这两个形容词没有区别。

在英语里，说完一句话用"."而不是"。"

火车上运输的是有色金属，不是涂满颜色的金属。

这是我们的插画师根据自己的亲身经历画出来的。

131

自己做！

你之前是否因为自己无心的言论而伤害过周围亲近的人呢？想想当时究竟是怎么回事，是不是从那时起你们的关系就一落千丈了呢？想一想要怎么做你们才能和好。

道理我都明白了，然后要做什么呢？

保存下来，记住！

不能做	可以做
• 对朋友说："一点小事，有什么可生气的？"	• 对朋友说："对不起，我冒犯到你了。"
• 对朋友说："别摆架子了，赶紧和好！"	• 对朋友说："我现在明白了，我当初给你造成了很大的伤害。我很羞愧。"
• 对朋友说："如果你想的话，也可以嘲笑我啊！"	• 对朋友说："以后，征得你同意后我才会跟别人讲你的事儿，而且绝对原原本本地说，绝不添油加醋。"

非常愚蠢

科特，我们今天干得真不错呢！

举个例子

　　最近，尤利娅惹她的朋友维卡生气了。尤利娅觉得这都怪自己：女生们围在一起聊天，她突然开玩笑说维卡身材不够好。她也不明白自己为什么要说那样的话，但当她意识到不妥的时候，话已经脱口而出了。这时维卡正好路过，全都听到了，于是她再也不想和尤利娅说话了。

　　尤利娅非常伤心，要是失去了好朋友，那她的生活肯定会变得黯淡无光。她真的觉得很惭愧，于是她给维卡编辑了一条信息："请原谅我吧。我很想念你，我明白这一切都是我自己的错。"尤利娅还在信息中回忆她们一起度过的那些快乐时光：在路上边走边笑、悄悄讨论喜欢的男生、在咖啡馆享用美味的冰激凌……接着她写道："我不知道我犯错后你还愿不愿意和我做朋友，但我真的很想与你和好。"然后尤利娅就按了发送键。

　　维卡立刻就回复了消息。她说，尤利娅这次真的深深地伤害了她，她觉得尤利娅背叛了自己。另一方面，维卡自己也明白，尤利娅是对的，自己并不苗条。维卡还在信息里写道："我也很怀念我们在一起的日子，但是我们不会再一起去吃冰激凌了，因为我要节食。"

　　最终，女孩们和好了。维卡通过非凡的意志力将体重减到理想范围内，获得了梦想中的匀称身材。现在呢，尤利娅只跟大家分享好朋友减肥成功的励志故事。

你们看维卡真是毅力惊人！我连留长发都坚持不下来！

尤利娅，你快别说了，我都不好意思了。

133

第10章
我很害羞，怎么办？

本章讲什么？

许多人都可以成为优秀的讲故事者。他们可以编出引人入胜的故事，想出百转千回的情节，写出出乎意料的结局。但是他们太害羞了，不敢当众讲出来。

你知道世界上有多少人深受害羞的困扰吗？你能想象吗，足足有三分之二。也就是说，如果电车上有60个人，那么只有20个人在抛头露面时不会害羞。在青少年中，害羞人群的比例高达90%，只不过害羞的程度不同，有人严重一些，有人轻微一些。在本章中，我们将探讨到底是怎样的恐惧心理阻碍着你大大方方地讲故事。

真的假的？

之前我可害羞啦！

是吗？！

大家都会怎么看我呢？

到了新的班级里我要怎么表现呢？

这是我们的新老师。

害羞公交车

可能快要到了，我该说什么呢？

他讲得这么好，可是我……

你们知道巴夏有多么棒吗！

135

我担心大家不听我讲话

这种担忧也是在情理之中的。每个人可能都有过这种经历：你兴高采烈地开始讲故事，结果人们都转身离开，自顾自地谈论别的事情……而你站在那里，仿佛刚被别人吐了口水一样尴尬。经历了这些之后，你不仅不想讲故事，简直都不想说话了。

但是，无论怎么逃避，你终归还是要说话，要讲故事。开篇我们就提到了，根本没有人可以一辈子不当众发言。既然每个人都会面临这样的问题，那你是不是觉得自己不是孤身一人了呢？而且走出困境也没有那么难，扫清障碍之后等待你的就是海阔天空。

👉 如果你觉得自己讲话被周围人忽视了，那就把故事压缩一下，迅速结束，然后故意告诉大家："好了各位，其他细节我无可奉告。"就好像这是你安排好的一样。

但你还是要反思一下：你是不是还需要多加练习这个故事呢？是不是你的故事太长了，或者不太好理解？是不是情节太平淡？

我们可以做一个实验：趁妈妈准备晚餐的时候，你跟她说："妈妈，我看了一部很酷的电影。要我给你讲讲吗？"然后你跟她讲电影的开头，接着你假装有东西落在了房间里，离开一下，五分钟后回来。如果回来之后妈妈问你："后来怎么样了？"那么你就可以高呼万岁了，这意味着你的故事可以吸引听众的注意力。如果她没问，那就再问妈妈："妈妈，我想学习如何讲故事。你跟我说说，为什么你对我讲的电影不感兴趣呢？"

你需要多倾听爸爸妈妈、好朋友、兄弟姐妹等这些关爱你的人的意见。因为他们和你一样，希望你的一切都更好。他们会温柔且真诚地告诉你需要改进的地方。普通朋友可能表现得很敷衍："没事啊，都挺好的！"但你的父母、家人或好朋友是真心希望你一切都好，他们会给你提出中肯的意见。

嗯。

不要扯衣角。

我把大家叫到一起是为了听听大家对我发言的意见。

你要多加练习，不要过于紧张。

我怕有人打断我，跟我吵架

这种担忧同样也是在情理之中。大家都有过讲话被打断、被人抬杠的经历。谁都不想遇到没素质的听众。这样的人在任何故事中都想横插一杠子，时不时问一些问题，各种较真，大喊大叫："不是的，完全是另一回事！"

讲故事的人在面对这种人时经常会说："热尼亚，我听你讲了，现在你要听我讲。请闭嘴！"这样的话语看似客气又中肯，其实是很失败的。对于这样的要求，热尼亚绝不会保持沉默。其他听众的思绪也会被打乱，他们会立即将注意力从你正在讲述的故事转移到你俩正在上演的好戏上。那该怎么办呢？

👉 把你的听众变成你的盟友，告诉他们："事实上，我无法证明我比热尼亚说得更正确。要不换他讲？"

在这种情况下，听众自己会做选择，他们会想：不，我们想听你说。为什么要听热尼亚的呢？他们自己就会制止热尼亚："你安静点！别捣乱！"

唉，根本不是这么回事……

下面的让热尼亚讲吧。

我害怕被大家嘲笑

是的，确实会发生这种情况。尤其是当一位公认的讲故事大师站在你面前听你讲故事时，你会很心虚，觉得自己就是在班门弄斧。

首先，不要害怕，该讲还是要讲。讲故事是一种技能，只要是技能，那就可以通过训练得到提升。因此，就算现在讲故事对你来说难于上青天，经过几个月的练习，这件事也会变得轻松许多。

其次，面对别人的嘲笑就应该像对付流感一样：防患于未然。在开始讲故事之前，你就要确保自己讲的故事不会被大师"说三道四"。你可以将其提前拉拢到自己的阵营。

👉 你可以这么说："玛莎，我知道我讲故事肯定不如你。如果我突然讲不下去了，你能帮帮我吗？"

玛莎怎么会嘲笑刚才夸过自己的人呢？她肯定会对你伸出援手的。因为你的恳求给她带来了所有人都梦寐以求的东西——自我价值感。这样的礼物谁不喜欢呢？

玛莎，你讲得真好，能帮帮我吗？

当然可以啦！

这个故事可真不错。

我怕我讲到一半卡壳了，再也讲不下去了

同样，这种情况也并不罕见。通常情况下，有经验的人只讲述前半部分的故事，然后和大家卖个关子："故事的结局我会在下课时告诉你们。"在整节课中，大家都被悬念笼罩着，总是想着，那个故事的结局是什么？所以，下课铃就变成了故事谜底被揭晓前的冲锋号。

👉 不要尽快结束一个故事。试着把故事停在最有趣的地方，然后说："好吧，下一次休息时再跟大家讲。"这样能够确保他们会在下课后第一时间来找你听故事的后续。

如果大家都没有过来找你，那也没关系，起码你做出了尝试，完成了一次公开演讲的训练。试过之后就会明白哪里需要改变，下一个故事肯定会比这个更精彩！

我就是觉得害怕

这是孩子们都会面临的典型问题，但每个人的症状都不相同。有的人症状很轻微，有的人一大声说两句，就觉得嘴里发干，舌头粘在上腭上，指尖发麻、颤抖。

我小时候也很害怕当众说话。当时我一直就想养一条狗，有一天，我终于拥有了一条硬毛猎狐犬——黎加。我真的很想和同学们分享这份快乐。可是当我满怀喜悦地跑去学校时，却因为太害羞，不敢告诉任何人关于这只狗的事。第二天，情况依旧，第三天依然如此。几个月之后，我才敢顺嘴提一句我的狗，而同学们似乎都没有注意到我说的话。

现在，我到处演讲，还在大学讲课，在讲台上讲述自己的故事，一改当初害羞的形象。

狗狗！

大家好！

斯维特兰娜，你好啊！有什么新鲜事儿吗？

如何摆脱发言恐惧症呢？

1

第一，你要正视这种恐惧。你必须承认并接受你会有表现不好的时候，其他人肯定也都遇到过这种情况。

就像你跨门槛时不小心摔了一跤，这确实会让你心里不痛快。但是大家都见怪不怪了，谁没有被绊倒过啊！不会有人嘲笑这种事情，没人会觉得你不应该摔跤。大家会觉得，就是摔一跤嘛，人人都遇到过，没什么大不了的。

常对自己说："允许自己表现不好。这很正常，大家都有过这种经历，我也不例外"。

这是一个小练习。少了练习可不行！

2

第二，你要知道，其他人可能都没有注意到你故事中的瑕疵。这就像你脸上的痘痘。你以为所有人都盯着它们看，实际上只有几个人注意到了，而且那几个人可能连朋友都算不上，就是几个爱八卦的"大喇叭"而已。

其余的人要么注意到的是你真诚的眼睛，要么注意到的是你悦耳的声音。有人可能只是不自觉地多看了你几眼，千万不要多想，别让自己的思绪完全被几颗痘痘占据了。

讲故事也是一样的道理。你自认为一切都很糟糕，但其他人却觉得不错，走过来对你说："多讲一点吧！"

我们对自己太吹毛求疵了。放心大胆地讲，享受其中的乐趣！

3 　　第三，勤加练习。既然你知道自己会紧张，那就提前练习，增加底气：先对自己或对着猫把故事讲10遍。不得不说，宠物是很好的倾听者！

　　等到跟朋友分享这个故事时，你已经是第11次讲了，轻车熟路，经验丰富。人类的大脑很奇妙：它对一切新鲜事物都感到兴奋，对日常惯例就表现得很冷静。如果你可以把讲故事变成一种惯例，头脑冷静地娓娓道来，那这可真是太酷了，不是吗？

日常惯例＝轻松的事情

4 　　第四，手里抓点东西。当你很紧张的时候，空着的手会不住地打颤，或是做一些很不自然的动作，比如说扯头发、挖耳朵、挠后脑勺、抖腿……怎样让双手消停下来呢？手里拿一些东西就好了。可以是一本厚重的书、背包、手机，随便什么东西都行，只要别让你的手空空如也。

　　当你的手拿着什么东西时，你的大脑会接收到一个信号：由于你的手被占着，这意味着你在抓着什么；既然你手里有可抓的东西，那么你就是安全的；好的，可以暂时放松一下了，警报解除。

　　我们的大脑真神奇啊。

毛线球给我安全感。

5 　　第五，再读一遍这本书。当你了解并熟练掌握讲故事的所有技巧时，紧张感就会自行消失，取而代之的是分享故事的乐趣。老实说，这是一种相当美妙的感觉！

自己做！

想一想要给朋友们讲一个什么故事。立刻行动起来，不要拖延，在三天之内讲完，动作越快越好。

道理我都明白了，然后要做什么呢？

不能做	可以做
• 对自己说："我就是没有讲故事的天赋，就是这样。"	• 对自己说："我一周至少讲一个故事，三个月后我一定能讲得很好了。"
• 没有提前做好准备就讲故事。	• 在家对着录音机练习，或是讲给自己的父母或好朋友听。
• 患得患失，担心自己讲不好。	• 适度紧张，但不要让自己太焦虑。假装别人犯了一个错误，想象一下自己会给他提什么意见。然后在你讲故事时，好好利用这个意见。

这样做不太好。

说这丧气话是没有任何帮助的。

举个例子

　　小伙子安东生性少言寡语。工作中，他总是避免当众讲话，跟朋友们在一起也沉默寡言，和父母说得最多的两句话就是："是或不是。"他喜欢研究计算机和数学，认为自己完全不是当众发言的料。

　　有一次，安东对克里斯蒂娜一见钟情。他很想要赢得她的芳心。一开始，安东不知道应该聊些什么，后来他发现其实并没有想象中的那么难。

　　那阵子他正在编写一个简单的电脑游戏程序，于是他就想把这件事讲出来。他在脑海中过了数十遍可能会发生的情况：他在一群朋友面前讲自己设计的游戏，克里斯蒂娜望着他，他也看向克里斯蒂娜……

　　最终，安东大声地讲出了这件事，顺利得连他自己都感到惊讶。因为他已经提前在脑海中设想过无数次了，所以到了现实中也没有那么难了。

　　最后的结果是，克里斯蒂娜没有对他表现出兴趣，但是另一个女孩基拉听得特别认真。基拉的关注让安东受宠若惊，他们开始交谈起来。原来，基拉也会编程，而且她和安东有很多共同语言。

我自己设计了一款游戏。

是吗？可真酷！

哇！

他在讲什么？

以下故事都是由我的学生所创作和讲述的。故事的作者有小学生，有大学生，还有公司经理，甚至退休人员。这些故事千奇百怪，非常精彩！

爸爸跑到哪儿去了？

6 岁的时候，我和爸爸、妈妈、弟弟一起住在乡下奶奶家里。一天早上，我们开车来到森林附近，打算去森林里边散步边采蘑菇。我们在森林里走了好远，回程的时候，累得几乎是拖着腿才走到车跟前。

我们把篮子放到车里，大家都上了车，爸爸发动引擎，紧接着开始电闪雷鸣，下起了瓢泼大雨。雨势稍微小了一点后，我们又重新上路了。爸爸双手紧紧握住方向盘，专心地盯着路况，一刻也不敢懈怠。

30分钟之后，我们终于回到了村子里，回到那个有着热腾腾的馅饼、温暖干爽的乡间小屋，大家都长舒一口气。爸爸把我们扶下车，送我们到门廊就又走了，似乎急着去哪儿。

"我很快就会回来。"他转头跟我们说了一句，然后又钻进车里，消失在视线之外。

发生了什么？爸爸去哪儿了？

大约20分钟后，爸爸终于回来了。原来，在开车带我们回家的路上，爸爸看见路边有一个抱着孩子的妈妈。暴雨如注，母子俩无处可躲，那位妈妈只能抱着孩子往村里跑。当时我们的车里没有空座了，爸爸不得不开车走了。把我们送到家之后，爸爸就立刻返回，把那对可怜的母子接上，送回了村子里。这就是他又出门的原因。这就是我的爸爸，一个细心又善良的人。

真棒！

把大家送到家之后一定要回来一趟！

"斗牛犬"

我一直都想养一条狗，但是我妈妈对狗过敏，一碰狗就犯哮喘，我知道养狗是绝不可能的了。其实妈妈也喜欢狗。为此，她找遍了医生，试了所有品种的狗，最后发现：她对狮子狗不过敏。一周后，我们终于拥有了一条狮子狗！

其实，我最想要一条罗威纳犬，但狮子狗也行，只要是狗就行！结果，这条狮子狗比我想象的小多了，只有手掌大小。它跟我特别亲近，一见面就认我作主人，让我喂它，只和我睡，听从我所有的命令，我给它取名叫做乔尼克。

夏天的时候，我们去村里看奶奶，在那里我们遇到了很多问题。首先，村里的猫都喜欢追着乔尼克到处跑。其次，它生了很多虱子。再次，村里所有的狗对我的乔尼克都很不友好。于是，我们经常去离家很远的地方遛狗，让它自由自在地奔跑。

有一天，我们走到了一片草地，周围的奶牛在安静地吃草，牧羊人在远处的树荫下睡觉。一切都是那么的宁静安详。突然，乔尼克开始像猎犬一样对奶牛狂吠起来。

147

我知道，乔尼克很恐惧，它因为害怕而不停地吠叫。我心想：叫就叫吧，一会儿就停了，它不会对奶牛怎么样的！

突然间，可怕的事情发生了。牛群开始围成一圈，包围住了我和乔尼克。我把狗抱在怀里，试图向奶牛解释，这只是一条小型家犬，不是它们的敌人。但是牛在面对危险时表现得像野兽一般，将我们团团围住。它们低着头，顶着尖锐的角向前移动，朝我们冲了过来！

乔尼克呜咽起来，我害怕极了，觉得我们应该逃不出去了。这大概就是力竭的角斗士在面对愤怒的公牛时的感受吧。

然后，我开始以前所未有的嗓门大喊起来："走开！走开！我们不会伤害你们，走开！"

虽然这是一群驯养的牛，但其中也有带头的牛。只要带头的放松警惕了，其他的也会紧随其后。突然，带头的牛转头离开了，然后是第二头、第三头、第四头……。原本缩小的圆圈突然出现了一个缺口。终于，我抱着乔尼克冲了出去。

恶犬算什么！最坏的动物是家牛！

走开！！！

会唱歌的衬衫

有时候，一个人似乎会厌倦一直做他擅长的事情，会想尝试做些新鲜事，至少对我来说是这样的。我很有画画天赋，作品总是受到表扬，我妈妈甚至要把我送去艺术学校。但我不想画画，我喜欢的是唱歌。

有一次，我去见一位声乐专家，他听了我唱的歌后说："你是一个非常有才华的女孩，但你的天赋不在唱歌上。"

有一天，我们学校要举办一场名为"不期而遇"的音乐会。规则是每位参与者必须表演一个令人意想不到的节目。

酷酷的玛利亚对大家说："人的潜力是无限的，你们也许自己都没有发现呢！"

于是我决定登上舞台，实现我的歌唱梦想，为大家演唱一首索菲亚·罗塔鲁的歌曲《村姑》。我真的很喜欢这首歌，虽然这是一首上世纪的老歌，曲调听上去有些搞笑。但我们家一直听她的歌，可以说，我就是听罗塔鲁的歌长大的！奶奶甚至还说我长得像罗塔鲁。

距离音乐会只有几天了，可是我还是唱不好！我排练了，也录过音了，结果还不如不录。听了录音后的我泪流满面，更难过了。

听到我的哀嚎，妈妈走进房间，抱住了我。我啜泣着对她说："明天有音乐会，可是我根本不会唱，我的声音就像一只被塞进水壶里的受惊的小猫。"

妈妈说："别胡说八道！观众也不会认真听的，大家都只关注外表。如果你以罗塔鲁的形象出现，那么你就是罗塔鲁附体，唱得自然会比现在好得多。"

然后，我妈妈给我拿来了她的亮片衬衫。这是爸爸送给妈妈的新年礼物，但她从来没穿过，嫌衣服太扎眼了。

"对于音乐会来说，这件衣服简直就是量身定做的！"妈妈感叹道。

我套上衣服、穿上长裙，用夹板把头发拉直。我突然觉得，自己真的很像罗塔鲁！

第二天我登上舞台，心情异常平静。在我看来，如果我看起来像罗塔鲁，那我真的会唱得和她一样完美。结果，心理暗示起了作用，一切都顺利极了。音响师把音乐放得更响了，我开始边唱边跳，当我唱到第二小节的时候全

场为我鼓起了掌。

"原来你很会唱歌！"玛利亚钦佩地说，"你之前为什么不说呢？"

"其实我不会唱歌。"我笑着说。

之后我就再也没唱歌了。直到现在我还对这个故事印象深刻，不是因为我的演出很成功，而是因为我妈妈的亮片衬衫帮助了我。

好酷！

哇！歌后！

第一桶金

那一年是我的人生中非常艰难的一年：我父亲出车祸去世了，只有母亲照顾我们，一个人带着3个孩子，我们再也不能像以前一样生活了。我是老大，从某种意义上说，我必须是最懂事的一个。我早早就明白，妈妈赚的钱只能勉强维持生计，我不能吵着找她要买新东西。

虽然才6月，但我已经在为9月1日开学那天穿什么去学校而发愁了。我的运动鞋坏了，那是我父亲以前给我买的名牌鞋。我真的很喜欢穿贵一点的衣服和鞋子。

我真的很想买一双新运动鞋，而且

我清楚地知道我想要的是哪种。这里就不提品牌名了，免得有人怀疑我是在打广告。总之，你明白我的意思就行了。我要的那双鞋大概 7 000 卢布。半年前我试着问过妈妈一次，说想要那双鞋。

妈妈伤心地哭着说："如果爸爸还在就好了……"

我意识到，如果要买运动鞋，我必须自己挣钱。

我们住在一个小镇上，镇子很小，每个人都互相认识。我去附近商店问老板："玛莎阿姨，你这儿夏天需要帮忙吗？我做什么都行。"

"维特，不好意思啊，"玛莎阿姨摇摇头，"我们这儿不缺人了。如果可以的话，你就去给我亲家刷栅栏吧。"

我之前从来没有刷过栅栏，于是去网上搜索视频，看完了所有教程。总之，我信心满满地完成了任务。那家主人不仅非常满意，还把我推荐给了她的邻居！

于是，我整个夏天都在刷栅栏！到了 9 月，我已经用赚的钱给自己买到了梦寐以求的运动鞋，还把剩下的钱都给了我妈妈。这就是我的第一桶金。

结语

再给你讲一个故事？

从前，有一个年轻人。他的名字叫伊万。

大家公认伊万是博学多才的人。如果有人问到如何更换汽车轮胎的问题，伊万立刻就能详细地讲解出来；如果有人抱怨看医生排了一个小时的队，伊万就会讲述如何优化就医系统解决排队问题；如果人们争论是否有必要惩罚孩子，伊万就会阐述在抚养婴儿、学龄前儿童、小学生、青少年时采用的不同教育方法之间微妙的差别。

有一次，伊万正在开车，车上还载着另一个同事。

突然，车胎爆了。他们只好停下车来，竖起紧急停车标志。伊万呆呆地看着被刺破的轮胎，手足无措。

"你愣着干什么呢？赶紧换轮胎啊！"同事惊讶地问道。

"我从来没有换过轮胎，"伊万只好承认，"我只是学过相关知识，理论我都了解了，但从来没实践过。"

最后，还是同事换好了轮胎。

你明白问题出在哪里吗？理论不能代替实践。如果你阅读了我们的书，但没有做我们在每章末尾布置的练习，那么你只能当一名理论家。

如果你把练习都完成了，那么恭喜你！你是一个不折不扣的行动派。你不仅积累了讲故事的理论知识，还掌握了相关的实践技能！你可以给自己打满分了。

最后，我们强烈建议理论家们回到本书的开头，认认真真地完成十项练习。毕竟，百闻不如一见，一见不如实践。

有一句很精彩的话：师傅领进门，修行在个人。这本书正是你学习的大好机会，好好把握这个机会吧！学成后一定告诉我们，讲故事是不是特别容易！